本书为教育部人文社会科学研究西部和边疆项目青年基金项目"21 世纪美国共产主义史学新发展研究"（项目编号：23XJC710013）阶段性成果。

美国国际社会主义组织

杨柠聪 著

ISO

INTERNATIONAL
SOCIALIST
ORGANIZATION

历史与理论

中国社会科学出版社

图书在版编目（CIP）数据

美国国际社会主义组织：历史与理论／杨柠聪著 . —北京：
中国社会科学出版社，2024.5
ISBN 978 – 7 – 5227 – 3486 – 6

Ⅰ.①美…　Ⅱ.①杨…　Ⅲ.①社会主义—国际组织—
研究—美国　Ⅳ.①D091.6

中国国家版本馆 CIP 数据核字（2024）第 082239 号

出 版 人	赵剑英	
责任编辑	侯聪睿	孙延青
责任校对	王　龙	
责任印制	王　超	

出　　版	中国社会科学出版社	
社　　址	北京鼓楼西大街甲 158 号	
邮　　编	100720	
网　　址	http://www.csspw.cn	
发 行 部	010 – 84083685	
门 市 部	010 – 84029450	
经　　销	新华书店及其他书店	

印　　刷	北京明恒达印务有限公司
装　　订	廊坊市广阳区广增装订厂
版　　次	2024 年 5 月第 1 版
印　　次	2024 年 5 月第 1 次印刷

开　　本	710×1000　1/16
印　　张	13.25
插　　页	2
字　　数	175 千字
定　　价	69.00 元

凡购买中国社会科学出版社图书，如有质量问题请与本社营销中心联系调换
电话:010 – 84083683

目　　录

绪　　论

一　研究的问题及意义

社会主义五百多年，潮起潮落、饱经沧桑，但始终充满活力。特别是在 21 世纪，世界社会主义复兴成为大势所趋的情况下[①]，欧美发达国家的工人运动再次兴起，马克思主义"热"及各国学者对资本主义的反思与批判再度出现。而中国特色社会主义的成功实践，也打破了苏东剧变以来世界社会主义的低靡态势、"东方从属于西方"[②] 的世界格局以及社会主义与资本主义力量的失衡局面[③]。

在此背景下，世界社会主义迎来契机，特别是美国社会主义取得了新的发展。首先，近年来，随着美国资本主义社会经济矛盾和阶级矛盾的进一步激化，美国民众对社会主义的态度有了新的变化。有研究显示，2016 年桑德斯竞选美国总统以来，美国千禧一代对社会主义的好感大幅增加，美国共产党年轻党员的数量也逐步攀升。其次，民主党部分成员开始公开支持社会主义，并

---

①　赵曜：《世界社会主义的复兴是大势所趋和历史必然》，《科学社会主义》2013 年第 6 期。

②　《马克思恩格斯文集》第 2 卷，人民出版社 2009 年版，第 36 页。

③　吕薇洲：《21 世纪是世界社会主义复兴的世纪》，《中国社会科学报》2017 年 3 月 14 日。

表示"不要害怕谈论社会主义"①。再次,2019 年,民主社会主义进入美国政治生活,美国社会主义出现复兴的迹象②。在这种情况下,如何理解桑巴特提出的"美国没有社会主义",如何看待当今美国左翼和美国社会主义的发展,具有重要意义。当然,除了美国共产党、美国社会党,美国其他左翼组织在美国社会主义发展中起到什么样的作用,这些问题也引起了笔者关注。

(一)本书所要研究的几个主要问题

1. "美国有没有社会主义?"

近年来,美国社会主义复苏,但仍有学者称"美国没有社会主义"。那么到底"美国有没有社会主义",廓清这个基本理论问题是本书作进一步研究的基础。有学者认为,美国只适合资本主义生长,因而不能够为社会主义的发展提供土壤③。如果这个论断属实的话,则没有进一步研究的必要。但也有学者相信,哪里有资本主义的根本矛盾,哪里就有批判资本主义的社会主义运动和思潮。所谓的美国例外,也无法超越这一历史规律④。笔者相信,只要这些矛盾存在,美国就不会完全超脱马克思主义的分析框架与社会主义绝缘。

值得注意的是,美国"有"或"没有"社会主义具有多种含义,我们应当在具体的语境下研究这一问题,避免"各说各话"。有的学者按照桑巴特的思维,将美国没有西欧式、革命式的社会主义等同于美国没有社会主义;有的将美国社会主义失败,或者美国社会主义不发达等同于美国没有社会主义;也有学者认为"美国有自己特色的社会主义",我们不能把美国没有西欧式的社

①　Aaron Freedman, "Why Democrats Shouldn't Be Afraid To Talk About Socialism", *The Week* (19, Augst, 2019), https://theweek.com/articles/859419/why-democrats-shouldnt-afraid-talk-about-socialism.

②　编者:《美国民主社会主义思潮的兴起》,《人民论坛·学术前沿》2019 年第 15 期。

③　倪世雄、赵可金:《美国政治的理论研究》,复旦大学出版社 2014 年版,第 312 页。

④　雷虹艳:《美国的社会主义运动与思潮》,社会科学文献出版社 2018 年版,第 2 页。

会主义或者美国社会主义不发达就等同于美国没有社会主义①。
依据史实，从美国的空想实验至今，美国都有社会主义。不过美
国的社会主义存在一"社"各表的情形。也就是说，它究竟是资
产阶级社会主义还是科学社会主义，还是其他什么主义仍需讨
论。然而，无论是"有"还是"没有"，都必须在具体语境下辨
别，这其中的理论合理性和局限性必须明晰。本书主要从史实和
理论的角度阐明美国社会主义的发展状况，从解构桑巴特话语的
角度总结影响美国社会主义向前发展的因素。

2. 战后"美国有没有社会主义?"

"二战"后美国社会主义有所发展，但美国作为资本主义阵
营的头号强国，它给世人的印象就是纯粹的资本主义且没有社会
主义。"没有社会主义"是人们给美国贴的一个标签，但我们不
能因为这个标签，就忽视了"二战"后美国社会主义的研究。更
不能把"标签贴到各种事物上去"，就不再"作进一步的研
究……就以为问题已经解决"②，这种方法是不可取的。

我们研究问题也是这样，如果用标签代替史实，用印象替代
现实，那么相关研究就会被弱化。实际上，这样的研究已经被弱
化，因为综观学界的研究，主要集中在 19 世纪末 20 世纪初、金
融危机及桑德斯总统竞选这段时间，以"二战"结束为起点研究
美国社会主义发展历史的成果很少。因此，以战后发展起来的美
国国际社会主义组织为对象，研究美国社会主义的发展具有重要
意义。

3. 除了美国共产党、美国社会党，战后美国有没有其他社会
主义组织推动美国社会主义的发展?

通过学术调研发现，目前学界"大多都论述的是美国共产党

---

① 潘世伟、徐觉哉：《世界社会主义研究年鉴（2013）》，上海人民出版社 2014 年版，
第 272 页。

② 《马克思恩格斯文集》第 10 卷，人民出版社 2009 年版，第 587 页。

的历史,而对于其他自称信奉社会主义、反资本主义的政党述及甚少"①。高建明认为,国内学界的研究主要集中在美国共产党,没有针对美国社会党的系统研究,他的博士学位论文弥补了这一不足,拓展了研究视野②。但这也出现了另外一个问题,那就是除了美共和美国社会党,"美国其他左派的历史研究都出乎意料地被忽视了"③。如果美国共产党和美国社会党保持着"二战"结束前的影响力和战斗力,我们将其作为美国社会主义研究的主线,是无可厚非的。但"二战"后美国共产党和美国社会党等"老左派"的政治影响力江河日下,更何况在 21 世纪初和特朗普执政时期,已经有美国国际社会主义组织和美国民主社会主义组织超过了它们的力量。在这种情况下,如果再将美国共产党或美国社会党作为美国社会主义的研究主线,视野不免会变得狭窄。从更加开放的心态来讲,那些信仰革命社会主义、革命共产主义等思想流派的美国左翼组织都应进入我们的研究视域,像美国国际社会主义组织这样对美国社会主义发展产生重要影响的左翼力量更是如此。

4. 美国国际社会主义组织的兴衰可以提供何种启示?

美国国际社会主义组织于 2009 年发展成为"美国最大的社会主义组织"。与美国共产党和美国社会党相比,它在组织结构、舆论宣传、学术交流方面拥有相对优势,这为理解怎样才能推动美国社会主义发展提供了经验。

2019 年 4 月,美国国际社会主义组织突然解体,这又使人们不得不回到"为什么美国没有社会主义"这一问题,探讨美国社会主义失败的原因。与以往美国共产党、美国社会党失败的原因

---

① 牛政科:《美国社会主义的脉搏扔在跳动》,中国社会科学出版社 2018 年版,第 1 页。

② 高建明:《美国社会党及社会主义运动研究 (1876—1925)》,博士学位论文,山东大学,2016 年,第 3 页。

③ James Thomas, *America Trotskyism and The Russian Question*, Berkeley: University of California, Ph. D. Dissertation, 1968, p. 3.

不同，美国国际社会主义组织的解体蕴含了"美国没有社会主义"的一些新特征。比如，民主党施压美国民主社会主义者对美国左翼进行融合，或者对左翼反对派进行收买、打压。而这些新的发现既能给美国左翼提供启示，也能够为理解"美国没有社会主义"提供新的答案。

5. 美国国际社会主义组织的解体对未来美国社会主义的发展有何影响？

美国国际社会主义组织解体或将改变美国社会主义不同阵营的力量对比，影响未来美国社会主义的发展方向。我们知道，美国国际社会主义组织解体之后，其内部机会主义者加入了它的合作伙伴——美国民主社会主义组织。该组织在桑德斯竞选以来持续壮大，继美国国际社会主义组织之后，成为新的"美国最大的社会主义组织"。可是，美国民主社会主义是不是"真正的社会主义"，是否代表工人阶级利益，这是需要注意的问题。不可否认，美国民主社会主义能够证明美国有社会主义，它的流行影响了美国民众对社会主义的认识，给美国社会主义的发展带来了机遇，但它毕竟是资产阶级社会主义，不能解放美国工人阶级，更不能消除资本对劳动的剥削。只有科学的社会主义，即以马克思主义为指导，以美国工人阶级为主体力量的社会主义才能使美国工人阶级免除资本压迫。遗憾的是，2020年桑德斯放弃竞选美国总统以后，不仅民主社会主义盛极而衰，而且像美国国际社会主义组织这样的社会主义团体也难以重建。可以预见的是，未来美国社会主义的发展将面临多重困境，而且未来美国社会主义到底往哪个方向发展，也是需要学界关注的问题。

（二）研究意义

1. 丰富当代国际共运文献和案例

目前中国学界对国际共产主义运动历史文献的编撰主要从共产主义者同盟一直到共产党和工人党情报局。这类经典文献的显著成果可以参考中共中央党史和文献研究院（原中共中央编译局）编译出版的《国际共产主义运动历史文献》，共计64卷65册。可是，共产党和工人党情报局之后的六十几年的国际共运历史文献也十分重要。由于种种原因，相关文献的研究整理相对滞后，冷战及苏东剧变后，东西方共产党、社会党、工人党、托派文献的收集的工作也稍显不足。这一情况在中国特色社会主义崛起、世界社会主义运动复兴的背景下有所好转，各家高校、科研机构、学术期刊目前都在着手这件工作，最为突出的是中国社会科学院马克思主义研究院国际共产主义运动研究部、中共中央党史和文献研究院（原中共中央编译局）国际共产主义运动研究所，中共中央党校（国家行政学院）科社教研部，山东大学当代世界社会主义所以及华中师范大学国外马克思主义政党研究中心等。

美国的国际共运文献整理散见于美国共产党、美国社会党、美国民主社会主义组织的研究。相较而言，美国国际社会主义组织的文献和案例研究相对较少，一方面是因为它在成为"美国最大的社会主义组织"的时候，中国的国际共产主义运动学科还处在苏东剧变之后的调整和恢复时期；另一方面是由于它在解体之后，许多文件资料在官方网站中删除、丢失。所幸的是笔者留存了该组织的档案资料，不至于使美国社会主义的发展在这一组织方面的历史文献出现空缺。换句话说，当人们在惊叹美国民主社会主义组织突然崛起成为新的"美国最大的社会主义组织"之时，不至于忘了在它之前仍有美国国际社会主义组织占据这一位置。如果用"美国最大的社会主义组织"作为主线梳理战后各个时期美国左翼的发展，或许也有助于整理战后美国共产主义运动的历史文献。而美国国际社会主义组织作为美国共产主义运动的重要组成部分，将其纳入国际共运的文献整理和案例研究当中，既有助于拯救它的档案不至于丢失，也有助于为未来美国共运的文献整理提供材料。

2. 适应科学社会主义理论发展的需要

科学社会主义自诞生以来，就是人们不断研究发展的对象，21世纪科社理论的发展也是如此。早在19世纪，马克思、恩格斯就提出了许多论据来证明"两个必然"，可是资本主义诞生了几百年，它依然存在，并占据整个世界的多数位置。不可否认，资本主义社会一直在出现问题，但它也一直在修复这些问题，并延长自己的寿命。如今，当人们谈论资本主义之时，必定会想到美国。因为美国是资本主义的头号强国，也是资本主义发展最纯粹的国度。人们判断，资本主义越发展，工人遭受的压迫就越深，社会主义发展的动力就越大。可是当人们深入了解美国整个社会主义发展史，就会发现美国社会主义运动从来都是曲折、断续的，没有对美国资本主义制度产生过革命性的影响。相反，倒是美国资本主义制度制约了美国社会主义运动的发展，让许多人都认为"美国没有社会主义"。

当现在的科学社会主义理论无法解释美国社会主义发展状况时，唯一要做的就是，在充分研究美国资本主义制度的情况下发展科学社会主义理论。因为，我们不能仅凭"两个必然"的宏观愿景而忽视了实现这个必然的中观、微观研究。就是说，要实现美国社会主义，不仅要掌握科学社会主义基本理论，更重要的是，要总结美国社会主义失败的原因，更新科学社会主义理论。从唯物史观的宏观视野来讲，美国资本主义走向消亡是必然的，但是从微观上来看，美国的选举制度、两党制度、工会制度、宗教异斥化因素又在制约着美国社会主义的发展。值得庆幸的是，这些因素对科学社会主义理论是有价值的。因为它给具有相似制度的资本主义国家里的左翼，探讨如何真正地实现社会主义等理论问题提供了基础。而这些问题的答案，也将丰富科学社会主义的理论内容，使科学社会主义更具科学性，从而进一步探讨实现美国社会主义的可行性和现实性。

二 相关问题的研究综述

(一) 美国社会主义例外论

美国"例外"最初被托克维尔用来描述美国的地理环境、法律制度和风俗民情。接着美国例外发展成为"美国例外主义",用以彰显美国的"神圣特权"以及在政治、经济、外交方面的特殊地位。

桑巴特之后,"美国例外"又表达为"美国没有社会主义",用于强调美国社会主义与欧洲社会主义的不同之处①。桑巴特影响了许多学者对美国的认知,部分学者或民众通过桑巴特的著作建立起了对美国社会主义的印象。有的将桑巴特的理论奉为圭臬,从不同角度加以解读。有的则表示怀疑,从历史、理论和现实的角度加以驳斥,认为美国不仅有社会主义,而且一直是美国的政治传统②。

1. "美国没有社会主义"

坚持"美国没有社会主义"的学者提出的论据包括:经济论、机会平等论、异质化理论和特殊历史论等。(1) 许多学者和桑巴特一样都认为"美国没有社会主义"是因为美国工人拥有较好的经济生活条件,这使得他们安于现状,没有欧洲工人强烈的阶级斗争倾向和社会主义信仰。(2) 与欧洲相比,美国充满机遇和上升空间;美国工人充分享有政治权利,习惯通过选举解决问题。另外,基于机会平等的"美国梦"有效平息了美国工人阶级斗争意识,使其不乐于参与社会主义运动③。(3) 欧洲同质人口多,工人阶级联合障碍少,容易推动社会主义发展;而美国人口

---

① 李东明:《重评福斯特对"美国例外论"的批判》,《求索》2017 年第 11 期。

② [美] 约翰·尼古拉斯:《美国社会主义传统》,陈慧平译,社会科学文献出版社 2013 年版,第 1 页。

③ E. L. Godkin, "The Labor Crisis", *North American Review*, 1867, pp. 177 – 179.

在种族、民族、语言、习俗等方面的异质化严重，组织性较弱，难以团结起来发展社会主义。美国工人阶级能够感受到阶级分化、经济剥削，但由于异质化的影响，他们难以联合起来战胜团结一致的统治阶级①。（4）美国的历史具有特殊性。首先，美国没有封建主义，因而美国没有欧洲那样的阶级不平等现象和严重的阶级冲突；其次，美国本土没有受到过军事侵略，美国缺乏俄国和中国那样的社会主义革命条件；最后，相较欧洲，美国没有强大的工人阶级政党，美国工人更愿意将选票投给民主党或共和党②。（5）也有学者认为，美国个人主义和自由主义传统，使社会主义意识形态难以成为主流③，这都导致"美国没有社会主义"。

2. "美国没有社会主义"的质疑

美国在很多方面例外，但并不总是与众不同。许多学者谨慎地指出美国的特殊之处，从多个方面对"美国没有社会主义"进行反驳。（1）"美国没有社会主义"容易造成误解。许多学者认为，为了正确理解美国社会主义，不能把美国没有欧洲式的社会主义或者美国社会主义的失败等同于美国没有社会主义，更不能把工人薄弱的阶级意识作为其理论支撑依据④。（2）种族、文化等异质化因素对于美国工人阶级而言，绝不是不可克服的障碍。美国工人阶级拥有跨种族、跨民族、跨语言团结推进社会主义运动的先例⑤。（3）桑巴特考察美国的时候，美国存在社会主义。桑巴特的结论

①　Peter Frisch, *Studs Terkel. American Dreams*, New York: Dramatists Play Service Inc, 1987, p. 67.

②　杨柠聪、白平浩：《学术界研究"美国有没有社会主义"的四种范式》，《科学社会主义》2020 年第 1 期。

③　Leonard B. Rosenberg, "The 'Failure' of the Socialist Party of America", *The Review of Politics*, No. 3, 1969, p. 348.

④　Harold W. Aurand, "Reviewed Work: Industrialism and the American Worker, 1865 – 1920 by Melvyn Dubofsky", *The Journal of American History*, Vol. 62, No. 3, 1975, p. 714.

⑤　Korman, Gerd, "Labor Historians and Immigrants: A Review Essay", *American Jewish History*, Vol. 78, No. 2, 1988, pp. 289 – 301.

并不正确,带有明显的倾向性。(4)经过百余年的发展,"美国没有社会主义"的立论基础即机会平等、高额收入、阶层流动性等发生改变,再用以前的立论得出结论不再可行①。(5)美国资本主义的成功不一定导致美国社会主义的失败,并且美国统治阶级对社会主义政党、运动的镇压不能消灭社会主义。(6)美国拥有悠久的社会主义传统和基础。哪里有资本主义基本矛盾,哪里就有社会主义的"星星之火",美国也不能超脱于这一规律独立存在②。

(二)美国国际社会主义组织

美国国际社会主义组织是美国新左派解体之后,发展起来的左翼组织。在21世纪初发展成为美国有影响力的左翼组织之后,关于它的研究逐渐增多。我们可以结合现有档案,国内外相关资料深化此项研究,以此再讨论"美国有没有社会主义"的问题。

1. 美国国际社会主义组织的档案、资料

美国国际社会主义组织的档案、资料是开展研究的基础,而它的官网提供了政治文件、政治活动和出版项目等重要档案信息。官方报纸《社会主义工人报》(Socialist Worker)和学术刊物《国际社会主义评论》(International Socialist Review)分别记录了它的发展轨迹,及成员或美国左翼学者对世界社会主义、资本主义,以及美国政治和劳工运动的分析。《社会主义工人报》和《国际社会主义评论》是研究其历史与理论的重要来源。《社会主义工人报》可查阅到的档案有 Socialist Worker(1977—1985,2001—2008,2008—2019),Socialist Worker(1986—2000)缺失。Socialist Worker(1977—1985)保存在马克思主义互联网档案馆,Socialist Worker(2001—2008,2008—2019)在《社会主义工人报》官方

---

① Hudson, Irene Zopoth, "Schenck and Susan. America: Land of Opportunity or Exploitation?", *Hofstra Labor and Employment Law Journal*, Vol. 19, No. 2, 2002, p. 352.

② 轩传树、谭扬芳:《从桑德斯的"社会主义"看"美国社会主义例外论"》,《红旗文稿》2017年第2期。

网站 socialistworker. org 可以查阅，*Socialist Worker*（2001—2008）是扫描版，*Socialist Worker*（2008—2019）为在线发布的文字材料。相较而言，《国际社会主义评论》的历史资料更加完整，自 1997 年创刊到 2019 年的资料都可以在官方网站 isreview. org 查阅。而这些材料为深化美国国际社会主义组织的研究提供了条件。

2. 美国国际社会主义组织的相关研究

学界对美国国际社会主义组织的研究分为两类：一类是国内学界对其社会主义大会的研究，另一类是其成员或美国左翼对组织解体过程和解体原因的分析。

（1）国内研究现状。中国学界对美国国际社会主义组织的相关论述和关注最早开始于 20 世纪 80 年代，并一直持续到 21 世纪初。①1985 年，郑州大学、安徽大学编写的《简明国际共产主义运动史辞典》，在论述美洲社会主义运动发展概况时，提及了几个重要的左翼组织，其中就有美国国际社会主义组织。②2012 年，倪新兵、王勇编著的《当代西方的科学社会主义运动》在论述重要的社会主义团体时，也提到了美国国际社会主义组织。③2013 年，上海社会科学院《世界社会主义研究年鉴（2011—2012）》对它的网站进行了介绍——"该网站主要登载国际社会主义组织（International Socialist Organization）相关简介，及分支机构和成员信息"；该年鉴还刊登了《社会主义工人报》的网络媒体、学术期刊《国际社会主义评论》的官方网站，指出《社会主义工人报》"主要发布有关世界各国社会主义运动的新闻、分析和评论。有时也会针对世界各地的热点问题开展主题讨论"；《国际社会主义评论》的"内容包括全球政治经济社会方面的热点分析，有时也会开设专栏，对社会主义思想史上的重要问题进行回顾"。① 但是从编排顺序看，编者没有将美国国际社会主义组

---

① 《世界社会主义研究年鉴（2011—2012）》，上海人民出版社 2013 年版，第 788 页。

织、《社会主义工人报》及《国际社会主义评论》放在一起,可能没有意识到后两者是隶属于美国国际社会主义组织的新闻媒体和学术期刊。值得注意的是,2013年卫昱、陈子博翻译的市场营销书籍也提到了美国国际社会主义组织——"如果到目前为止,你对学习营销的重要性仍不以为然,那就请放下这本书,参加国际社会主义组织吧——我听说他们招人呢"①。虽然这段话存在揶揄色彩,但也从侧面反映出该组织在美国已经为人们所熟知的事实。

以上都是中国学界对美国国际社会主义组织的论述,对该组织在学术上的关注始于2008年。2009年1月《社会科学报》评选出的《2008年度社科界十大热点关注(国外篇)》就对美国国际社会主义组织在芝加哥举办的社会主义大会进行了评述。相关深入的研究直到2017年才出现。

2017年上海社会科学院《毛泽东邓小平理论研究》第11期,刊发了国内第一篇研究美国国际社会主义组织社会主义大会的文章:《特朗普时代的美国马克思主义和社会主义——2017年美国社会主义大会评述》。该文认为2017年的社会主义大会是世界左翼学者研究马克思主义、揭露资本主义危机、寻找替代资本主义方案的学术盛会②。该文从多个方面概括了会议内容,但没有对美国国际社会主义组织本身做深入研究,没有认识到社会主义大会中的"左翼团体"——《国际社会主义评论》、黑马克特出版社、"我们是大多数"、"经济研究和社会变革中心"和左翼网站SocialistWorker. org,其实都是美国国际社会主义组织的内部机构。继上海社会科学院《毛泽东邓小平理

①　[美]迈克尔·埃尔斯伯格:《价值百万美金的7堂人生经营课》,印刷工业出版社2013年版,第93页。

②　张霖鑫:《特朗普时代的美国马克思主义和社会主义——2017年美国社会主义大会评述》,《毛泽东邓小平理论研究》2017年第11期。

论研究》之后，中国社会科学院《世界社会主义研究》在 2019
年 10 月又刊发了研究美国国际社会主义组织社会主义大会的文
章——《在资本主义困境与危机中凝聚左翼力量——2019 年美
国社会主义大会述要》。这篇文章同样以会议内容评述为主，
没有涉及组织的具体研究。该文意识到 2019 年 4 月以后，组织
已经解体，其社会主义大会已经被美国民主社会主义组织接管。
这篇文章肯定了该会议的重要价值，认为"在阶级斗争日趋激
烈……社会主义呼声日益高涨的时刻，社会主义大会已经成为
美国当下左派的重要集会场所"①。

（2）国外研究现状。国外对美国国际社会主义组织的研究集
中在其解体原因分析，这些分析来自持不同政治立场的成员和左
翼组织，具有思辨价值。

右派成员宣称组织解体是官僚主义的结果。2019 年美国国
际社会主义组织的新一任指导委员会在《给国际社会主义组织
成员的信》中，将组织解体的直接原因归咎于前任领导对涉嫌
性丑闻成员的包庇，其官僚主义、专制集权对内部监察程序的
破坏。但部分左派成员对此表示怀疑，其资深成员，美国劳洛
施大学（La Roche College）文理学院院长、历史学教授保尔·
莱·布朗克在《国际社会主义组织发生了什么》一文中表示，
美国国际社会主义组织解体是"持不同政见的"新任领导层发
生了"叛乱"，最后走向机会主义，解散了组织；是"不诚实
和不忠诚"的新任领导层"为了支持民主党的社会主义者"密
谋了组织的解体②。有的成员也认为，组织"异常迅速解体的过
程是可疑的"，他们怀疑新任指导委员会被"民主党迷惑"，背叛

① 田曦：《在资本主义困境与危机中凝聚左翼力量——2019 年美国社会主义大会述要》，
《世界社会主义研究》2019 年第 10 期。

② Paul Le Blanc, "What Happened to the International Socialism Organization", URPE,（May
26, 2019）, https：//urpe.org/2019/05/26/what-happened-to-the-international-socialist-organization/.

了组织①。

持相同观点的还有第四国际委员会和美国社会主义平等党委员会。他们认为美国国际社会主义组织右派通过"两个阶段"的"阴谋"解散了组织②。第四国际委员会还批判了性侵处理不当事件导致组织解体的观点,驳斥了组织内部女权主义成员对前任领导成员的指控,揭露了"明尼苏达大学社会学助理教授伊丽莎白·沃格利·菲尔德(Elizabeth Wrigley-Field)……从未阅读与2013年指控有关的任何文件,但却坚称'我相信这一指控'",这一毫无根据的臆测。与此同时,该组织还指出其新任指导委员会成员泰勒——普林斯顿大学终身教授走向民主社会主义的改良主义立场——泰勒在"雅各宾(Jacobin)的一篇文章为桑德斯的竞选活动提供了最明确支持,他认为,伯尼·桑德斯民主社会主义演说是一个里程碑"③。就是说,他们认为,美国国际社会主义组织的解体在于部分成员走向了机会主义和改良主义。也有左翼人士将组织的解体上升到列宁主义或民主集中制的失败,有学者对此表示反对,认为正是因为组织没有坚持列宁主义,而是向考茨基主义靠拢,才导致了解体④。

(3)中国学者与美国国际社会主义组织理论家的学术交流。除了关注美国国际社会主义组织以外,中国学者还邀请它的理论家来华交流。美国国际社会主义组织之所以能在21世纪初成为

---

① Dave Schmauch, "A Former Member on the Collapse of the International Socialist Organization", Socialism.com (15 May 2019), https：//socialism.com/statement/stay-the-revolutionary-course-a-former-members-thoughts-on-the-collapse-of-the-international-socialist-organization/.

② Political Committee of the Socialist Equality Party (US), "Factional Provocation, Middle-class Hysteria, and the Collapse of the International Socialist Organization", WSWS, (April 02, 2019), https：//www.wsws.org/en/articles/2019/04/02/inte-a02.html.

③ David Walsh, "Leaders of Dissolved International Socialist Organization Openly Embrace Democratic Party Politics", WSWS, (04 Jun 2019), https：//www.wsws.org/en/articles/2019/06/24/isdp-j22.html.

④ Juan Cruz Ferre, "We Need More Leninism, Not Less", *Left Voice*, (May 04, 2019), https：//www.leftvoice.org/we-need-more-leninism-not-less.

"美国最大的社会主义组织"，其原因之一就是它拥有一批出色的理论家。中国学者评价该组织政治纲领的主要撰稿人保罗·达马托为"有影响的思想家"，并呼吁学界"密切关注"①。

实际上，早在 1985 年，中国学者鲁兰沁等就对美国国际社会主义组织的创始人——哈尔·德雷珀的马克思主义理论作了评析；2019 年《清华西方哲学研究》也对它的著作进行了研究。2012年，武汉大学哲学院举办的国际学术研讨会，还邀请了美国国际社会主义组织的另一名核心理论家——保尔·莱·布朗克（Paul Le Blanc）来中国作专题报告。武汉大学哲学院何萍教授称布朗是"美国著名的马克思主义者"，是"罗莎·卢森堡和列宁思想研究专家"，他的《罗莎·卢森堡：反思和著作》汇集了 20 世纪 90 年代以来西方国家研究罗莎·卢森堡思想的主要成果，收集了卢森堡有关社会主义思想的论著，体现了当代卢森堡思想研究的方向②。而布朗也结合当代资本主义国家的金融危机作了报告，赢得了赞誉。尽管从掌握的文献来看，美国国际社会主义组织仅有 3 位理论家受到了中国学者的关注和高度评价，并且只有一名受邀参加中国的学术交流，但这也体现了美国国际社会主义组织的影响力。

（三）特朗普时期美国民主社会主义的发展

美国国际社会主义组织解体之后，美国民主社会主义组织成为了美国最大的社会主义组织。它的发展得益于桑德斯总统大选及美国民主党部分成员的加入。美国民主社会主义是近年中国学界比较关注的问题，研究主线有以下两个方面。

一是以桑德斯为切入点研究美国民主社会主义。2016 年，在鼓吹民主社会主义的桑德斯在多个州击败了克林顿以后，美国社

① 王平：《后马克思主义的现代性反思及其对建构和谐社会的启示》，学习出版社 2014 年版，第 116 页。

② 吴昕炜：《罗莎·卢森堡著作的研究和出版》，人民出版社 2017 年版，第 3 页。

会主义逐步兴起。但美国社会主义的兴起,并非桑德斯引起,而是美国资本主义社会矛盾尖锐化的结果。有研究表明,美国年轻人之所以欢迎与北欧相似的"民主社会主义",是因为他们对冷战的记忆逐渐模糊,对美国社会贫富差距的愤怒愈加强烈①。值得注意的是,桑德斯民主社会主义的确为渴望真正变革的民众提供了入口,尽管他不是一名真正的社会主义者,而只是一名为资产阶级利益服务的改良主义者。

二是以美国民主社会主义组织为切入点研究美国民主社会主义。2019 年《人民论坛·学术前沿》编辑部专门组稿研究了美国民主社会主义组织的历史、理论和实质。该组织于"二战"后成立,在"民主社会主义者"的奥卡西奥-科尔特斯当选为联邦众议员及 2016 年桑德斯竞选总统之前,它仍处于美国政治的边缘②。在 2010 年到 2019 年相当长的一段时期里,它依靠与美国国际社会主义组织合作提高影响力,也依靠支持桑德斯民主社会主义得到年轻人的支持。但桑德斯民主社会主义与美国民主社会主义组织的章程、目标并不相同。从一方维护私有制和另一方主张公有制来讲,有些方面甚至是相悖的。那么,为了发展,美国民主社会主义组织是否会放弃自己的政治原则,成为美国民主党内的民主社会主义者的政治工具,还是利用这股潮流壮大自己的力量,在坚持自己党纲的情况下,不被美国民主党裹挟,发展美国社会主义,这直接关系到美国社会主义的发展方向。但未来美国社会主义到底是走向民主社会主义还是革命社会主义,学界没有给出明确的答案,而探讨这些问题有助于深化人们对美国社会主义前途命运的认识。

---

① 门小军:《伯尼·桑德斯的"民主社会主义"评析》,《当代世界社会主义问题》2017 年第 1 期。

② 刘永涛:《民主社会主义思潮缘何在美国"东山再起"》,《人民论坛·学术前沿》2019 年第 15 期。

　　最后，让我们回到最初的问题——"美国有没有社会主义"。如前所述，"美国没有社会主义"的论据，都有一定解释力，但我们不能简单地把这些因素叠加在一起，作为"美国没有社会主义"的答案。"美国有没有社会主义"的争论持续了一个世纪，没有定论，因为这个问题本身具有多种含义。"美国没有社会主义"这一命题应当回到为什么美国社会主义难以发展等问题上来。当今世界，很多国家的社会党、共产党都面临发展难题，从这个角度讲，这并不是美国例外，而是世界左翼政党、组织面临的共同难题。"美国有没有社会主义"应以具体案例着手，而美国国际社会主义组织既能说明"美国有社会主义"，也能说明"美国没有社会主义"，是一个很好的切入点。也就是说，它既可以从自身的发展历史驳斥"美国没有社会主义"这一命题，又能从自己的消亡反映美国复杂的国情，探知美国社会主义的发展困境，为美国左翼提供启示。美国国际社会主义组织的研究集中在社会主义大会、解体原因，其发展历程、自身优势、理论主张研究欠缺。另外，"美国有没有社会主义"的研究拘泥于某一方面，整体性、系统性也有待提高。因此，从美国国际社会主义组织历史、理论出发研究美国社会主义，并借此深入理解"美国有没有社会主义"，具有学术价值。而从美国国际社会主义组织解体之后的美国民主社会主义出发，理解美国社会主义发展态势，也可以拓宽美国社会主义的研究视野，为美国社会主义运动发展提供经验和鉴戒。

三　写作思路

　　第一章主要论述"二战"后美国国际社会主义组织从发展到壮大的历程，将其放在国际共产主义运动整体力量分布视野下判断，并与美国共产党和美国社会党作比较，表明为什么它是"美国最大的社会主义组织"。

第二章对美国国际社会主义组织兴衰原因进行分析,为美国左翼提供启示。

第三章探讨美国国际社会主义组织的理论主张,从理论上厘清它在美国开展社会主义运动面临的机遇、困难和方略。

第四章对美国国际社会主义组织的理论进行评析,分析它的理论基础、理论来源、理论贡献和理论局限。

第五章既对桑巴特及相关理论的谬误之处进行批判,又对相关理论的合理性加以肯定。最后,根据美国国际社会主义组织的发展历程再谈"美国有没有社会主义",并对未来美国社会主义的发展做出分析。

四 创新及价值

(一) 理论创新

本书根据美国国际社会主义组织及美国社会主义的相关外文资料,对 20 世纪 70 年代以来美国国际社会主义组织的历史、理论及政治实践作了系统的梳理,以求深化战后美国社会主义运动研究并拓展其研究视域。其创新之处主要表现在以下方面。

1. 美国国际社会主义组织的发展历史和政治实践具有代表性意义,但至今国内外没有关于美国国际社会主义组织的系统研究,本书试图在深化美国国际社会主义组织研究方面做出探索。

2. 金融危机后,美国国际社会主义组织成为美国最大的社会主义组织,得到了许多左翼学者的支持,在美国左翼运动中有相当的影响。不仅如此,它还是一个在美国改良主义盛行背景下继承革命传统的社会主义组织,这对打破资本主义国家左翼只有坚持改良主义才能发展壮大的印象具有重要意义。

3. 美国国际社会主义组织是一个在探索中不断前进的社会主义组织,但它的右派和新任领导层在组织变革中没有经受住民主党和民主社会主义"糖衣炮弹"的诱惑,走向了派系斗争、宗派主义和机会主义。与此同时，它的革命理论也存在不少局限，没有适应当时发展的需要。而本书深化了这些研究，为该组织的发展和解体提供解释，为当代美国左翼的发展提供了启示。

4. 深化了人们对"美国有没有社会主义"的认识。美国"有"与"没有"社会主义都有深刻的理论支撑，不能"一刀切"，否定了它的价值。因此本书不仅将"美国有没有社会主义"的问题作为认识美国社会主义的工具，而且将其作为一种新的研究范式，以此分析美国国际社会主义组织的兴衰。而这种分析范式也可以成为探讨美国其他左翼发展进程的分析工具，对其机遇、挑战和前景做出判断。

（二）实用价值

1. 有助于丰富国际共产主义运动历史的研究案例，了解苏东剧变前后美国左翼组织的发展状况，探索美国社会主义发展道路、发展规律，理解世界社会主义复兴背景下的美国社会主义。

2. 有助加深对美国社会主义曲折发展、美国社会主义政党组织兴衰规律的把握，为世界左翼的发展提供借鉴。

3. 有助于深化对美国资本主义的认识，充分理解美国工会、美国移民工人、美国种族主义、美国宗教、美国现代封建主义、美国选举政治、美国贫富差距对美国社会主义的影响，为美国左翼进一步开展社会主义政治运动、制定政治方略提供启示。

第 一 章

美国国际社会主义组织的
兴衰历程

美国国际社会主义组织的兴衰分为五个阶段。一是 20 世纪 70 年代初，美国左翼势力分裂、重组，美国国际社会主义组织诞生；二是 20 世纪 80 年代美国左翼式微，中产阶级新社会运动挤压左翼发展空间，美国国际社会主义组织初步发展；三是 20 世纪 90 年代，苏东剧变、美国经济社会问题凸显，美国国际社会主义组织初步登上政治舞台的阶段；四是 21 世纪初，美国经济社会矛盾阶段性爆发，美国国际社会主义组织成为"美国最大的社会主义组织"；五是奥巴马时期和特朗普时期，美国国际社会主义组织不断发展到最终解体。这五个阶段体现了美国国际社会主义组织的发展环境和兴衰历程，为思考战后美国社会主义经验教训提供了案例。

第一节　20 世纪 70 年代美国左翼的
重组与组织的成立

美国新左派兴起于大学校园，在推动美国社会改革方面起到积极作用。美国新左派运动在后期发生了分裂，于 20 世纪 70 年代就退回了"书斋"。美国新左派的分裂和重组，为美国国际社会主义组织的诞生和发展创造了条件。

一 战后美国左翼发展概览

"二战"后，美国左翼在美国社会改革运动中发挥重要作用，并在历史发展潮流中形成不同派别。这些派别主要分为6类，包括老左翼、新左翼（新左派）、学院左翼、后政治左翼、文化左翼和社会左翼等。

"战后，很少有美国人有勇气公开宣布自己是共产党人，而且参加美国共产党的人都很少。"① 这一时期，美国共产党、美国社会党、美国社会主义工人党等老左翼都在战后日渐式微，处于美国政治舞台的边缘。但美国左翼激进分子并没有完全消失，他们有的选择了加入新左翼。战后美国新左翼异军突起，主导了60年代美国的革命运动，后来放弃激进革命的部分，又成为后政治左翼、学院左翼和文化左翼的重要力量。而后政治左翼和学院左翼，是战后到21世纪美国高校马克思主义研究的关键，相当数量的学者是美国共产党、美国社会党、美国托派政党或团体的党员，有一部分也曾参与新左派运动。当然，文化左翼的部分力量也来自后政治左翼和学院左翼，只不过更多的是来自文化创作和文化批判领域的左翼艺术家、创作家和评论家。此外，还有社会左翼，与20世纪70年代开始兴起的大谈理论不谈运动的学院左翼不同，社会左翼则更加注重社区改革和街头政治。

这六大左翼引领了战后至今的左翼思潮和左翼运动，是美国左翼的中坚力量。必须要指出的是，这六大类别的左翼并不是泾渭分明，因为许多美国左翼组织，往往是这几种类别的混合。"混合左翼"最常见的是发源于美国高校的社会主义团体，他们主要是学院左翼作为领导层与社会左翼作为基层力量的组合，这类左翼既看重马克思主义理论，又强调政治实践。目前美国最大

---

① Andrew Jacobs, "Stuck on Communism: Memoir of a Russian Historian", *American Communist History*, Vol. 19, No. 1 - 2, 2020, pp. 143 - 144.

的社会主义组织——美国民主主义社会主义组织（DSA）就是这样的"混合左翼"，其显著特征就是领导层大多属于社会中层阶级，而支部成员多为工人等中下层阶级。美国国际社会主义组织也是"混合左翼"的典型代表，不过与美国民主社会主义组织不同的是，它并不将选举作为美国通向社会主义的主要方式。美国国际社会主义组织的理论，部分源于新左派运动中的激进要素，具有革命的基因。要想充分了解它的历史，必须从战后美国资本主义黄金时代下的新左派运动说起。

二　黄金时代下的美国新左派运动

"二战"后，美国经济规模不断扩大，商品、劳务需求大量释放，经济欣欣向荣，进入了资本主义的"黄金时代"。这一时期，美国社会稳定、失业率低、人民生活水平保持上升趋势。约有60%的美国人过上了中产阶级生活，"大部分美国人都过得比他们的父辈和祖父辈要好许多"[1]。美国工人的工资也大幅提升，足以负担旅行、住宅、轿车的消费。而舒适的生活使美国工人与雇主间的矛盾缓和，革命性减弱，参与社会主义运动的积极性降低。

然而，黄金时代的经济繁荣也隐藏着美国贫困的一面。1962年，迈克尔·哈灵顿在《另一个美国》中阐释了美国当时的贫困——美国出现了两个国度，一面是经济繁荣、物质富足的美国，亿万富翁沉溺于奢侈生活；另一面是被遗忘的、贫穷不公的美国，千百万劳苦大众却在饥饿中不断挣扎[2]。美国的贫困是美国资本主义社会贫富分化的结果。按照桑巴特的理论，富足的生活会削弱工人阶级的革命性，导致美国没有社会主义，但美国的贫

---

① ［美］埃里克·方纳：《美国历史：理想与现实（下）》，王希译，商务印书馆2017年版，第1163页。

② ［美］迈克尔·哈灵顿：《另一个美国》，郑飞北译，中国青年出版社2012年版，第1页。

困也会激化社会矛盾，增强工人的革命性，推动美国社会主义发展。

美国的贫富差距为美国社会主义的兴起奠定基础。但 20 世纪 60 年代，美国部分社会主义者不再借助列宁主义、斯大林主义，而更倾向于用托洛茨基主义、毛主义或切·格瓦拉主义来阐释问题并指导实践，这部分人是美国的新左派①。美国新左派与美国共产党等老左派不同，他们不对产业工人革命抱以期待，主要关注人的孤独、异化以及对美国官僚体制的批判。美国新左派认为，无论是共产主义运动还是自由主义运动都没能解决种族歧视、冷战斗争、军备竞赛、贫富差距、环境破坏等问题，而大学生和高校知识分子应当肩负起解决这些问题的重任，采取行动改变现状②。1968 年美国新左派运动汇聚成了大规模的学生运动，而这也使"新左派不得不面对阶级斗争的现实"③。随着运动的发展，一部分坚持和平斗争，另一部分要求更加激进的革命，内部开始发生分歧。由于组织松散、思想混乱，这场运动最后成为了"乌托邦革命"。在保守主义思潮回归，美国政府限制学术自由和学生运动以后④，美国新左派在 20 世纪 60 年代末又逐渐销声匿迹了，或以新的形式呈现出来。而美国新左派运动中最大的组织"学生争取民主社会组织"（SDS）在运动退潮后发生了分裂和重组，为 20 世纪 70 年代美国国际社会主义组织的

---

① 新左派运动发源于 20 世纪 50 年代的英国，20 世纪 60 年代传入美国，兴起于北卡罗来纳州农业与技术州立大学青年学生的黑人民权运动、反越战运动及妇女权利捍卫运动等。参见祖国霞《欧文·豪社会政治批判研究》，中国书籍出版社 2018 年版，第 77 页。

② 参见祖国霞《欧文·豪社会政治批判研究》，中国书籍出版社 2018 年版，第 77 页。

③ Joel Geier, "1968: Year of Revolutionary Hope", *International Socialist Review*, No. 59, 2008, https://isreview.org/issue/59/1968 – year-revolutionary-hope.

④ 根据美国雅施瓦大学历史系教授艾伦·施雷克的观点，凡是批判美国政府外交政策的教授都不能在大学里做演讲；妇女研究、非裔美国人研究等学术领域的合法性都会受到质疑；一些学者被指责"不够爱国"，不再享有终身教授的待遇，随时面临被解雇的风险。参见刘青《美国两位著名左翼历史学家在北大历史系演讲》，中国美国史研究会，http://www.ahrac.com/view_ 8_ 112_ 0. html。

诞生奠定了基础。

三 美国新左派的重组与组织的成立

虽然美国新左派力量在激进革命失败之后逐步退出政治舞台，但是在 20 世纪 70 年代中后期，经济社会问题进一步凸显之时，又逐渐恢复。美国这一时期经济社会问题矛盾交织，其中最重要的是经济不景气引起的关系到民生的就业问题。据统计，1974—1975 年经济大衰退，美国失业率接近 10%，是大萧条以来的最高水平。较高的失业率使美国社会矛盾加剧，也使美国社会主义运动复苏，进入了"左派发展的第三个阶段"①。

美国国际社会主义组织正是在这样的背景下诞生的，当然它的成立也与 SDS 的重组有关。SDS 在新左派运动失败后发生了分裂，部分成员②从中分离出来加入了"独立社会主义者"（Independent Socialists），并与底特律的革命工人委员会（Revolutionary Workers Committee）成立了"国际社会主义者"（International Socialists），但由于"国际社会主义者"内部在斯大林主义的认识上发生分歧，部分成员退出了组织。随后第三阵营社会主义（Third Camp Socialism）创建者，原"国际社会主义者"成员——哈尔·德雷珀（Hal Draper）与一百多名大学师生为了"脱离宗派主义"，恢复阶级斗争传统，决定离开"国际社会主义者"，并筹建美国国际社会主义组织。

1977 年以哈尔·德雷珀为首的 100 多名成员在芝加哥召开第一次全国代表大会③，宣告了美国国际社会主义组织的成立。这次大会颁布了由其理论家编写的政治纲领，明确其政治目标是

---

① 刘青:《美国两位著名左翼历史学家在北大历史系演讲》，中国美国史研究会，http://www.ahrac.com/view_8_112_0.html，2008 年 10 月 27 日。

② 主要包括其在芝加哥大学、密歇根大学、纽约大学城市学院、威斯康星大学麦迪逊分校成员。

③ 全国代表大会是美国国际社会主义组织的最高权力机关。

"成为革命先锋的核心……组织成为革命的社会主义政党"①，并取代美国民主党，与美国共和党展开斗争，发展美国社会主义②。第一次全国代表大会构建了相应的组织机构。其中，最高领导机构、最高权力机构、最高决策机构分别是指导委员会、全国代表大会和中央委员会；纪律检查机构是纪律委员会和上诉委员会；紧急和日常议事机构分别为全国特别会议和全国支部理事会，机构设置参见图1-1。

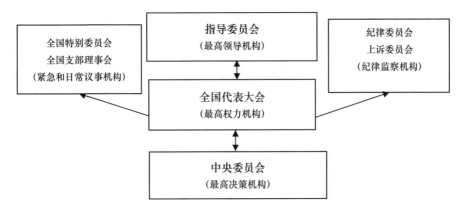

图1-1　美国国际社会主义组织的机构设置

相关机构的具体职能如下：（1）指导委员会是美国国际社会主义组织的最高领导机构，它由全国代表大会选举产生，是该组织的权威。指导委员会有权对日常工作、宣传出版工作做出决定，并协调、执行全国代表大会和中央委员会的决议，监督文献制作以及人事分配。美国国际社会主义组织认为指导委员会十分重要，因为它不能仅仅依靠全国代表大会来运作，组织的发展还

---

① Paul Le Blanc, "Why I'm Joining the US International Socialist Organization: Intensifying the Struggle for Social Change", (July 14, 2019), http://links.org.au/node/1323.

② Paul D'Amato, "Where We Stand", ISO Education Department, (Nov. 12, 2017), https://www.internationalsocialist.org/wp-content/uploads/2017/12/Where-We-Stand-Nov2017.pdf. p. 4.

需要一个全国性的领导机构来推动。正如工人阶级需要有坚强的领导集体一样，组织内部也必须有能够主动出击、独立思考的领导层①。(2) 全国代表大会是最高权力机构，它由各支部选举的代表组成，代表的比例由中央委员会决定。代表必须缴纳会费，否则没有资格当选。支部代表参加全国代表大会的差旅费由所在支部承担，如果支部拒不承担，它的代表则不能参加下一届全国代表大会。全国代表大会在大会召开前发出《全国代表大会召集令》，并拟定相关议题（如各个机构委员、候补委员的选举）供成员参考。出席全国代表大会的法定人数必须超过总人数的三分之二，所有决议和选举都以投票方式进行，原则是少数服从多数，决议对全体成员具有约束力②。(3) 中央委员会是最高决策机构，独立行使职能。中央委员会成员由全国代表大会选举产生，就全国代表大会提出的政治问题和政治战略做出决定，决定对组织具有约束力③。(4) 纪律监察机构是纪律委员会和上诉委员会。纪律委员会由 9 名委员组成，包括 1 名指导委员会委员、4 名全国代表大会委员、4 名候补委员，候补委员在正式委员辞职或不能履职时代其履行职责。如果纪律委员会成员受到指控，他有权在内部公告中做出答复。最终审理结果由纪律委员会和上诉委员会向全国代表大会报告。在纪律委员会之外，该组织还设有上诉委员会。两者成员不能兼任，因为上诉委员会负责对纪律委员会的决定进行复核，它有权推翻纪律委员会的决定，并要求重

---

① "Members' Toolkit", International Socialist Organization, (Nov. 11, 2017), https: // www. internationalsocialist. org/wp-content/uploads/2017/11/2012 - 02 - iso-members-toolkit. pdf. p. 20.

② "Members' Toolkit", International Socialist Organization, (Nov. 11, 2017), https: // www. internationalsocialist. org/wp-content/uploads/2017/11/2012 - 02 - iso-members-toolkit. pdf. p. 19.

③ "Members' Toolkit", International Socialist Organization, (Nov. 11, 2017), https: // www. internationalsocialist. org/wp-content/uploads/2017/11/2012 - 02 - iso-members-toolkit. pdf. p. 20.

新审理案件①。(5) 全国特别会议是该组织的紧急事件的议事机构。指导委员会、中央委员会或支部委员会都可以要求召开特别会议，但必须及时指明召开特别大会的动机，另外，全国特别会议具有全国代表大会的一切权力。(6) 在紧急议事机构之外，该组织还设有日常的议事机构，即全国支部理事会。全国支部理事会具有咨询功能，每个支部有权派一名代表参会，这个代表应当是支部的组织者（相当于支部书记)②。

1977 年第一次全国代表大会之后，美国国际社会主义组织的基本架构、基本职能得以确立，这为组织的不断发展奠定了基础。据成员回忆，与美国社会主义工人党相比，美国国际社会主义组织具有较大潜力，是"纪律严明、积极主动、坚持民主集中制的组织"③。

第二节　20 世纪 80 年代组织的缓慢发展

20 世纪 80 年代，受美国左翼式微、美国新社会运动挤压左翼发展空间等大环境因素的影响，美国国际社会主义组织艰难发展。当然，其自身力量不足，缺乏工业工人基础、阶级斗争经验也是重要的影响因素。

---

① "Members' Toolkit", International Socialist Organization, (Nov. 11, 2017), https：// www. internationalsocialist. org/wp-content/uploads/2017/11/2012 - 02 - iso-members-toolkit. pdf. p. 21.

② "Members' Toolkit", International Socialist Organization, (Nov. 11, 2017), https：// www. internationalsocialist. org/wp-content/uploads/2017/11/2012 - 02 - iso-members-toolkit. pdf. p. 10.

③ Paul Le Blanc, "What Happened to the International Socialism Organization", URPE, (2019 - 05 - 26), https：//urpe. org/2019/05/26/what-happened-to-the-international-socialist-organization/.

一　20 世纪 80 年代美国左翼的衰落

在很长一段时间里，马克思主义在美国大学校园是一种"时尚"，但是到了 20 世纪 80 年代，很多人不再热衷于马克思主义。那些因为研究马克思主义获得重要学术头衔的教授、专家，也见证了马克思主义在美国大学校园从主流化到边缘化、从激进化到学术化的发展。换句话说，此时，许多美国左翼已经从一名马克思主义的实践者转变为一名普通的学者。虽然他们自称为新马克思主义者，但并没有表现出太大不同。由于他们对马克思主义这一科学停留在抽象的研究，而不是具体的实践当中，美国高校学习马克思主义课程的学生人数不断减少，这无疑对那些支持马克思主义阶级斗争理论的美国左翼提出了严峻挑战。

如果说 20 世纪 60 年代的美国左翼还主张通过斗争改变世界的话，那么 20 世纪 80 年代，大多数美国左翼，特别是学术左翼"基本上放弃了改变整个世界的努力"，逐步从激进政治转向学术政治，与工人阶级分道扬镳。即使存在萨义德、乔姆斯基这样的知识分子，其作用也是有限的，而且不能改变美国左翼的颓势[1]。那些具有共产主义信仰的知识分子，也不再考虑加入共产党；和很多激进分子一样，他们选择进入学术界；在他们看来，共产主义是他们人生的一个方面，但这不是仅靠一个人就可以实践的事情[2]。就是说，实践的马克思主义者已经很难找到了，马克思主义在美国校园不再是一个战斗的口号，而是伟大人物在经济和历史方面提出的伟大思想[3]。而这些激进分子纷纷涌入象牙塔，自

---

[1]　朱彦明：《西方左翼的学术化征程及其危机》，《中国社会科学报》2015 年 6 月 24 日。

[2]　Andrew Jacobs，"Stuck on Communism：Memoir of a Russian Historian"，*American Communist History*，Vol. 19，No. 1 - 2，2020，pp. 143 - 144.

[3]　"The Mainstreaming of Marxism in U. S. Colleges"，*The New York Times*，Oct. 25，1989.

然脱离了与工人阶级的联系，不具备构建起实际运动的能力。加之，这一时期，美国历史教科书对美国左翼的污蔑[1]，美国高校对马克思主义者和共产党员的排挤，美国电影在意识形态方面对左派的歪曲和负面刻画，美国左翼就越来越被边缘化。另外，在"冷战斗士"里根总统反共主义政策下，美国左翼式微的趋势更是难以避免，包括美国国际社会主义组织在内的美国左翼都难以发展。即使扎根于校园，在美国大学校园有一定影响力，但是在20世纪80年代，它也没能发起社会主义运动，其活动局限于言论上对美国资本主义的批判。

二　美国新社会运动挤压美国左翼发展空间

新社会运动是20世纪60年代以来，西方发达国家不同阶层发起的和平运动、平权运动、生态运动以及民族主义运动。美国新社会运动主要由美国中产阶级发起，并于20世纪80年代壮大。美国新社会运动包括：环境保护运动、反种族歧视运动、妇女平权运动及反战运动等。它的目的是推动美国社会变革，实现社会变迁。美国新社会运动之所以兴起，一方面是因为社会主义理想与东欧剧变的反差导致部分美国人对美国左翼及马克思主义产生了怀疑，消弭了美国民众对社会主义的信心；另一方面是因为长期以来，美国共产党和美国社会党引领的社会主义运动效果不佳，美国新社会运动试图寻找新的替代道路。

值得注意的是，美国新社会运动的许多理念与美国左翼相似，并具有显著的社会主义倾向。但另外，它也呈现出许多新的特征，比如阶级倾向弱化，抗议方式非暴力化，活动范围国

---

① Bruce J. Schulman, "Out of the Street and into the Classroom? The New Left and the Counter-culture in Untied States History Textbooks", *The Journal of American History*, No. 4, 1999, p. 1527.

际化，动员方式网络化等①。这些新的特征为它争取了大量的群
众的同时也对美国左翼产生了替代效应，挤压了美国国际社会
主义组织的发展空间。不过，美国新社会运动并不寻求改变资
本主义剥削制度，它只要求改良，并维持现有秩序。它的本质
是促进资本主义改革，而不是推翻资本主义。换句话说，在资
本主义剥削没有消除的情况下，美国左翼在工人阶级中仍有基
础和空间。

三　美国国际社会主义组织艰难发展的自身原因

20 世纪 80 年代，美国国际社会主义组织发展缓慢，还与其
自身力量弱小有关。自身力量不足表现在资金不足、成员较少两
个方面，这是该组织在这一时期静默的主要原因。首先是活动资
金较少。从美国国际社会主义组织官方报纸《社会主义工人报》
来看，20 世纪 80 年代该组织的资金时常捉襟见肘。它表示"仅
凭国际社会主义组织成员的力量已经不能够负担总的费用"②，因
此，它经常在报纸上登出公告，呼吁群众募捐 4000—5000 美元，
以帮助其维持运转。其次是成员规模较小。20 世纪 80 年代，组
织成员的数量维持在 300 名左右。成员数量少且分布不集中，导
致其难以发起大规模的社会主义运动。为了招募成员，《社会主
义工人报》每一期都发出公告，并打出马克思的名言"哲学家们
只是用不同的方式解释世界，问题在于改变世界"③，鼓动更多的
群众加入美国国际社会主义组织——"如果你想改变世界，建立

---

① 孟鑫：《新社会运动对西方传统社会主义运动的挑战与创新》，《东南学术》2018 年第
2 期。

② 参阅 "Where We Stand"，"ISO Fund Appeal"，"Join the International Socialist Organiza-
tion"，Socialist Worker，Jan. 01，1980，p. 8。实际上《社会主义工人报》每一期报纸都有一个
版面阐述立场，筹集资金和成员入会的公告，但内容在每一期的页面不一样。可通过 https：//
www. marxists. org/history/etol/newspape/sw-us/index. html 下载影印版档案进行查证。

③ 《马克思恩格斯文集》第 1 卷，人民出版社 2009 年版，第 502 页。

社会主义的话，请加入我们"①。另外，该组织的报纸还用一定篇幅简要阐释美国国际社会主义组织的政治原则、政治理论，吸引持相同立场的群众支持或加入组织。

当然，美国国际社会主义组织没有从新左派的思维和阵地中完全脱离出来，局限于校园社会主义运动，在工业工人中缺乏群众基础②；与美国社会党、美国共产党、美国社会主义工人党相比，缺乏实际斗争经验；里根政府采取冷战政策，大幅减少"反贫困项目经费"，降低左翼活动能力，也是组织发展缓慢的重要原因。在这一时期，组织主要通过"思想赢得人们的支持，较少通过阶级斗争壮大自己"③。

第三节 后冷战时期逐步登上美国政治舞台

苏东剧变之前，信奉凯恩斯主义的西欧国家的工党或社会民主党，由于无法持续解决经济增长问题，在 20 世纪 70 年代末开始瓦解。苏东剧变后，世界进入后冷战时期，社会主义更是陷入低潮，世界许多左翼政党、组织都退出了历史舞台。然而，苏东剧变没有对美国国际社会主义组织的发展造成严重损害，相反，它通过三场有影响的社会运动登上美国政治舞台。

一 苏东剧变对组织的影响

苏东剧变后，美国左翼工人、社会民主主义者和共产主义者受到严重打击，许多左翼组织、政治团体相继衰落、解体，

---

① "Join the International Socialist Organization", Socialist Worker, Jan. 01, 1980, p. 8.

② "到 20 世纪 80 年代末，国际社会主义组织把主要工作放在校园政治活动，除此之外，它只是关注较大的工会运动和普通工人运动"，见 "Socialist Worker", Marxists. org, (July 09, 1998)，https://www.marxists.org/glossary/periodicals/s/o.htm。

③ Juan Cruz Ferre, "We Need More Leninism, Not Less", *Left Voice*, (May 04, 2019), https://www.leftvoice.org/we-need-more-leninism-not-less.

为美国右翼民粹主义政党的兴起提供空间①。但是，共产主义格局的改变并没有使美国所有左翼萎靡不振，相反，那些坚持认为苏东剧变不是社会主义的毁灭而是另一种新生的人却兴奋不已。

美国国际社会主义组织就是在这种冲击中坚定理想、稳步发展的那一类。它没有像美国共产党那样受到苏东剧变剧烈冲击的原因有三：（1）美国国际社会主义组织作为一个成立较晚，且从新左派发展过来的社会主义组织，本身没有与苏共建立联系，它们之间既不是兄弟组织也不是附属关系，因此苏东剧变没有对它的外部资源造成损害。（2）美国国际社会主义组织并不像美国共产党那样受共产国际或者苏共的指导和资助，因此苏东剧变不会直接影响它的前途命运。（3）美国国际社会主义组织对苏联模式是审慎的，因此苏东剧变不会对它的意识形态造成冲击。它相信，这一"模式的失败，并不是社会主义的失败"②。因此，苏东剧变没有对它的政治理论造成破坏。苏东剧变或许打击了支持它的左翼组织的士气，但并没有给美国国际社会主义组织带来严重伤害，相反，这更坚定了它的政治立场和斗争实践路径。

二　新自由主义下的美国经济社会问题

凯恩斯主义失败以后，美国政府开始求助新自由主义。新自由主义提倡私有化、放松管制、消除国际贸易壁垒，实现市场自由和经济增长。这种思想到 20 世纪 90 年代，逐渐成为主导资产阶级经济政策的"华盛顿共识"。然而，新自由主义并没有创造

---

① Victor G. Devinatz, "The First International, the US Left and British Trotskyism: Their Relevance to Trade Unions and Workers", *American Communist History*, Vol. 19, No. 1 – 2, 2020, pp. 132 – 142.

② Alan Maass, "The Revolution of 1989", *Socialist Woker*, (Nov. 12, 2009), http://socialistworker. org/2009/11/12/revolutions-of – 1989.

美国经济增长的新时代，只是将工人、农民的巨额财富转移到资产阶级。因为美国新自由主义的主要任务不是将资本用于本国扩大再生产，而是通过"剥夺"集中财富。

新自由主义的发展，进一步激化了美国的经济社会问题，尽管有冷战和海外战争的胜利，但许多美国人认为国家走的路子不对。"路子不对"主要表现在 20 世纪 90 年代以来新自由主义导致的贫富差距问题。调查显示，新自由主义经济政策实施以来，美国最富有的 1% 的人口的资产相较 20 年前增长了两倍（占美国总财富的 40%），中产阶级的收入增长处于停滞状态，而最贫穷的 1/5 的人口的收入不但没有上升，反而下降了 12%；为美国资本主义发展做出直接贡献的工人沦落到这样一种地步："工人队伍中有一半以上的工人工资在每小时 14 美元以下"，并且不能享有医疗保险等福利[①]。雪上加霜的是，克林顿政府削减了社会福利开支和公共住房投资，导致大量的流浪汉成为从纽约到洛杉矶等城市街道上的"亮丽风景线"。资本主义被描绘为人类最后的历史道路，却展现出人类社会最残酷的现实。后冷战时代，美国资本主义虽然在国际上获得胜利，但自己却出现了严重的社会问题。在这一背景下，美国左翼又活跃起来，为美国国际社会主义组织登上政治舞台创造条件。

三　通过三大社会运动登上政治舞台

20 世纪 90 年代美国国际社会主义组织已经获得发展。据一位加利福尼亚州政客回忆，1991 年美国国际社会主义组织虽然仅有 500 名成员（为了保护自己，防止信息被美国右翼势力或警察

---

① ［美］埃里克·方纳：《美国历史：理想与现实（下）》，王希译，商务印书馆 2017 年版，第 1347—1349 页。

利用，左翼一般不公布成员实际数量①，500 的数字可能被低估），但它却通过发起和参与三场有影响力的社会运动登上了美国左翼政治舞台。这三场具有较大影响力的社会运动分别是：1992 年反对旧金山警察暴力运动、1995 年结束死刑运动（Campaign to End the Death Penalty）以及 1997 年联合服务包裹公司罢工运动（United Parcel Service Strike of 1997）。

前两个运动主要针对种族主义，后一个运动则是为了维护工人利益。（1）1992 年反对警察暴力的行动是为了抗议警方无故袭击非裔大学生凯文·克拉克（Kevin Clark）的暴行。事件发生后，美国国际社会主义组织声援了他的家人，并游行抗议，要求将杀人的警察关进监狱②。（2）1995 年美国国际社会主义组织在加州举行的结束死刑运动是 1992 年美国结束死刑运动的延续。在这次运动中，该组织近 300 名成员发起了反对存在种族主义和阶级偏见的死刑制度，并成功地引起了公众对凯文·库珀（Kevin Cooper）事件（疑似警方操纵证据判处这名黑人死罪）的关注。受此影响，美国第九巡回上诉法院法官也对库珀的死刑处决表示反对，指出"加利福尼亚州可能即将处决一名无辜的人"③。（3）1997 年美国国际社会主义组织还参与了"北美最强"工会——卡车司机工会（Teamster）组织的联合服务包裹公司罢工，为工人争取了新的劳动合同，提高了工人工资，保障了工人福利。这次运动也成功地帮助它与工会等进步联盟建立了联系④，

① ［美］诺尔曼·马科维兹：《美国高校的马克思主义、社会主义和共产主义史教》，《世界社会主义研究》2018 年第 6 期。

② Clayton Plake， "We Stand with Kevin Clark"， *Socialist Worker*，（Feb. 14， 2013），http：//socialistworker. org/2013/02/14/we-stand-with-kevin-clark.

③ United State Court of Appeals for the Ninth Circuit， "Kevin Cooper Petitioner Appellant"，（May 11， 2009），http：//cdn. ca9. uscourts. gov/datastore/opinions/2009/05/11/05 - 99004o. pdf. p. 5430.

④ Todd Chretien， "Why I Voted to Dissolve the ISO"，（Mar. 31， 2019），https：//revolutionary-socialist. org/2019/03/31/why-i-voted-to-dissolve-the-iso.

提高了其参与和开展工人运动的能力，为日后发展壮大奠定基础。与工会的联系也促使它修订了成员入会规则，强调工会会员加入团体的优先原则。

第四节　21 世纪初成为"美国最大的
社会主义组织"

得益于 21 世纪初美国经济社会矛盾再度激化，美国国际社会主义组织开始参与地方政治，并吸收年轻力量壮大自己。新生力量的加入也使它于 2009 年超越美国共产党和美国社会党，发展成为"美国最大的社会主义组织"。

一　金融危机前后的美国经济社会矛盾及民意转变

2008 年金融危机前后，"美国的贫困、收入不平等和婴儿死亡率大大超过了其他的经济发达国家"①。大多数美国人民的生活并没有因为资本主义的经济增长而改善。相反，美国公民享受到的发展红利越来越少，美国政府为公民提供的社会福利也远远落后于其他西方发达国家。另外，由于美国致力于市场原教旨主义，忽视了政府在公共领域的积极作用，美国社会在金融危机前后产生了庞大的赤贫群体。贫困人口中能够领取救助金的仅为1/5，为半个世纪以来最低。

考虑到美国制造业就业岗位大幅下降（美国钢铁工业就业人口从 1970 年的 50 万人下降到了 2004 年的 12 万人，其中只有1/3的失业人口才能领取救济金，而且领取时间只有几个月），因此美国的贫困人口仍在不断增长。不可思议的是，一些公司为了节省成本，甚至废除或降低了退休工人的养老金和医疗保险。

---

① ［美］埃里克·方纳：《美国历史：理想与现实（下）》，王希译，商务印书馆 2017 年版，第 1373 页。

这一时期代表美国共和党政治意识形态的布什政府也不得人心。尽管"9·11"事件之后,布什政府通过爱国主义获得选民的支持,但美国挑起的对伊战争不仅违反了联合国宪章,还引发了国内民众对政府的强烈不满①,只有少数民众对政府的业绩表示认可。

2008年次贷危机又导致大批工人失业并失去了财产,加剧了社会贫富分化,激化了社会矛盾,引起了人们对资本主义制度的批判和对马克思主义的重视。人们不禁会问,资本主义到底给美国带来了什么,是阶级之间的微小差别?还是通过努力就可以实现阶级跨越的平等机制?或许都不是。相反,美国资本主义越发展,美国工人被剥削的程度就越高,美国阶级之间的分化就越大,美国工人实现阶级跨越的可能性就越小。因此,金融危机以后,美国民众开始批判资本主义,越来越多的人更倾向于社会主义,并且不再将"社会主义"当作贬义词。很多民众认为,"'社会主义'并不是那么负面的事物,'资本主义'也不是多么正面的事物"②。社会主义被越来越多的年轻人所接受,"社会主义"也成为美国政治公开讨论的话题。相较于麦卡锡时期和冷战时期,金融危机后美国民众对社会主义的态度发生了改变。在此背景下,美国社会主义走向复苏,包括美国国际社会主义组织在内的左翼组织迅速壮大,迎来了发展的黄金时期。

二 国际共运整体力量视野下"美国最大的社会主义组织"

在金融危机前后的政治运动中,美国国际社会主义组织"吸

---

① 战争期间,美国士兵伤亡惨重,民众税收负担增加,并面临政府"出于安全目的"的监听、监视。

② [美]约翰·尼古拉斯:《美国社会主义传统》,陈慧平译,社会科学文献出版社2013年版,第254页。

引的具有马克思主义思想的青年积极分子比其他任何组织都要多得多①。不仅如此，它还得到了"许多左翼教授的支持"，"发展空间不容小觑"②。"著名的美国国际社会主义组织在新自由主义兴盛时期蓬勃发展"③，到 2009 年，它甚至成为了"美国最大的社会主义组织"。要理解它的力量或者懂得为什么它是"美国最大的社会主义组织"，就必须将其放在当时国际共产主义运动整体力量分布的视野当中加以考察。

首先，从美国共运来看，2009 年美国国际社会主义组织至少拥有 5000 名成员，而美国共产党在 2011 年和 2013 年的党员数量不过 2000 人和 3000 人④。加之，这一时期美国社会党的发展不如美国共产党，因此，美国国际社会主义组织已经在成员数量上超过美国共产党和美国社会党，成为"美国最大的社会主义组织"⑤。

其次，有人会惊讶成员 5000 人的社会主义组织怎么算得上"美国最大的社会主义组织"呢？实际上，要理解这样的情况，还必须明白当今国际共产主义运动的特征和力量分布。当今世界社会主义力量呈现多元化、多党多派化发展，主要分为信奉科学社会主义的共产党、鼓吹民主社会主义的社会党以及坚持民族社会主义的民族党，势力最大的仍是共产党。但是共产党在各国的力量分布也极不平衡，192 个资本主义国家中约一半没有共产党，

① Paul Le Blanc, "Why I'm Joining the US International Socialist Organization: Intensifying the Struggle for Social Change", (July 14, 2019), http://links. org. au/node/1323.

② "美国大学生马克思主义社团声援工人组织工会和罢工"，美国驻华大使馆，https://www. weibo. com/ttarticle/p/show? id =2309404316008969028036，2018 年 12 月 11 日。

③ Juan Cruz Ferre, "We Need More Leninism, Not Less", *Left Voice*, (May 04, 2019), https://www. leftvoice. org/we-need-more-leninism-not-less.

④ 美国共产党党员数量，参见王军、梁丹《近百年来美国共产党的党员人数变化及其原因分析》，《当代世界与社会主义》2014 年第 6 期。

⑤ Paul Le Blanc, "Why I'm Joining the US International Socialist Organization: Intensifying the Struggle for Social Change", (July 14, 2019), http://links. org. au/node/1323.

只有约 100 个国家一共拥有 130 多个共产党。在这些资本主义国家当中，共产党党员超过 10 万的只有 7 个，超过 1 万有 25 个，其余的多是几千人甚至几百人的小党[1]。

由于很多国家的共产党，包括美国共产党的力量都很弱小，因此在 21 世纪初美国共产党和美国社会党并不强大的情况下，美国国际社会主义组织的确可以凭借几千人的成员数量成为"美国最大的社会主义组织"[2]。

三 与美国共产党和美国社会党等老左派力量的比较

如果说美国共产党、美国社会党会迫于美国政府镇压等原因或出于保护党员的目的，刻意隐瞒党员数量，那么我们也可以对比三者的支部数量及其势力，以说明为什么美国社会主义组织在 2009 年是"美国最大的社会主义组织"。支部数量可以从侧面反映一个组织的党员数量。为了对比三者的力量，本书根据三者的数据，对美国国际社会主义组织、美国共产党、美国社会党三个组织的支部数量进行统计，制作了图 1－2、图 1－3。

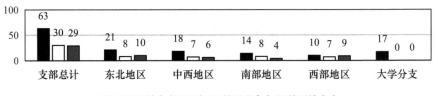

图1－2　美国国际社会主义组织、美国共产党、美国社会
党支部数量柱形图

---

① 高放:《当今国际共运有哪些新特征》,《新湘评论》2016 年第 3 期。

② Paul Le Blanc, "What Happened to the International Socialism Organization", URPE, (May 26, 2019), https://urpe.org/2019/05/26/what-happened-to-the-international-socialist-organization/.

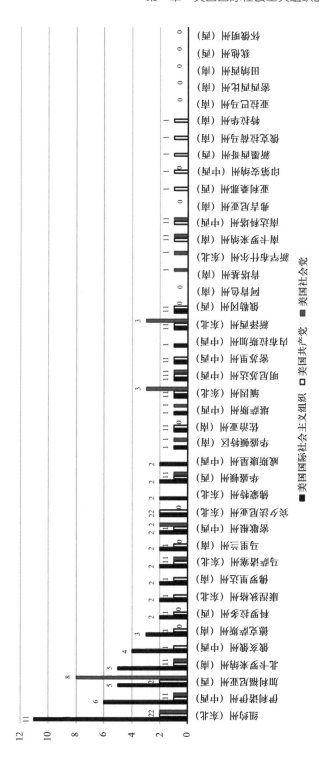

图 1 - 3 美国国际社会主义组织、美国共产党、美国社会党支部或地方组织数量簇状柱形图

结合图1-2、图1-3和三个组织的官方网站可以发现,美国国际社会主义组织在约40个城市共拥有63个支部①,是美国共产党(30个)和美国社会党(29个)支部数量的2倍。另外,依据美国人口调查局四大分区,美国国际社会主义组织在东北地区、中西地区、南部地区和西部地区的支部数量分别为21个、18个、14个、10个,而后两者支部数量对应各分区分别为8个、7个、8个、7个,10个、6个、4个、9个。无论是总体上还是地区分布上,相较于美国社会党和美国共产党,美国国际社会主义组织都有绝对优势。

再者,根据图3和三者的官网,美国国际社会主义组织的支部覆盖了25个州,主要在纽约州(11个)、伊利诺伊州(6个)、加利福尼亚州(5个)、北卡罗来纳州(5个)等经济比较发达的地区,这4个州的支部数量占到了43%,达27个。美国共产党的支部和美国国际社会主义组织一样,也覆盖了25个州,加利福

---

① 美国国际社会主义组织官方公布的地方支部数量有63个。其中,加利福尼亚州共5个(洛杉矶支部、伯克利支部、北加州地区支部、圣迭戈支部、斯坦福大学支部)。科罗拉多州2个(博尔德支部和丹佛支部)。康涅狄格州2个(纽黑文支部、新伦敦支部)。华盛顿特区1个(华盛顿特区支部)。佛罗里达州2个(奥兰多支部和南佛罗里达大学支部)。佐治亚州1个(佐治亚州立大学支部)。伊利诺伊州6个(芝加哥地区支部、德保罗支部、洛约拉支部、芝加哥大学支部、伊利诺伊大学芝加哥分校支部、伊利诺伊大学厄本那香槟分校支部)。堪萨斯州1个(劳伦斯支部)。马萨诸塞州2个(波士顿支部和西马萨诸塞州支部)。马里兰州2个(巴尔的摩支部和马里兰大学支部)。缅因州1个(波特兰支部)。密歇根州2个(安娜堡支部和芒特普莱森特支部)。明尼苏达州1个(双子城支部)。密苏里州1个(密苏里大学支部)。北卡罗来纳州5个(阿什维尔支部,布恩支部,格林斯博罗支部,罗利、达勒姆、教堂山和北卡罗来纳大学教堂山分校支部,温斯顿-塞勒姆支部)。内布拉斯加州1个(林肯支部)。新泽西州1个(纽瓦克支部)。纽约州11个支部(布鲁克林支部、纽约城市大学布鲁克林学院支部、纽约哥伦比亚大学支部、纽约曼哈顿下城支部、纽约亨特学院支部、纽约城市大学雷曼学院支部、纽约地区支部、纽约大学支部、纽约波茨坦支部、纽约罗彻斯特支部、纽约锡拉丘兹支部)。俄亥俄州4个(雅典支部、辛辛那提支部、代顿支部、托莱多支部)。俄勒冈州1个(波特兰支部)。宾夕法尼亚州2个(费城支部和匹兹堡支部)。得克萨斯州3个(奥斯汀支部、丹顿支部和得克萨斯女子大学支部)。佛蒙特州2个(伯灵顿支部和佛蒙特大学支部)。华盛顿州2个(西雅图支部和华盛顿大学支部)。威斯康星州2个(麦迪逊支部和密尔沃基支部)。见"Find A Branch",International Socialist Organization,(July 01,2019),https://www.internationalsocialist.org/join。

尼亚州和纽约州的支部为 2 个，其余 23 州各为 1 个，分布较为均衡，但力量略显薄弱。而美国社会党的支部只覆盖了 16 个州，相较于美国共产党，它在加利福尼亚州有较大的势力，支部数量达到了 8 个，缅因州、新泽西州各 3 个，纽约州、密歇根州各 2 个。然而，不管在势力覆盖和支部集中程度上来讲，美共和美国社会党都不及美国国际社会主义组织。

值得注意的是，美国共产党和美国社会党都声称它们的成员包括劳工和学生活动家，但是这个阶段它们都没有在学校建立起支部，而美国国际社会主义组织却在大学建立了校园支部。美国国际社会主义组织认为美国大学教育的承诺与资本主义世界残酷现实之间的矛盾，使学生对美国社会产生质疑[1]。因此，它相信"资本主义所造成的不公正，使我们拥有巨大发展空间。……有充分的理由相信，我们能够通过宣传，争取大量的学生成员，建立一个自信的学生干部队伍，使其在校园内外的斗争运动中发挥关键作用"[2]。"运动斗争可大可小，今天的校园斗争，可能发展成为群众运动。今天的学生领袖将成为明天的革命领袖。国际社会主义组织支持学生参与有意义的社会运动，尤其是阶级斗争"[3]。美国国际社会主义组织坚信"校园是寻找、招募和培养马克思主义者的重要场所"[4]，因此它 27% 的支部都设在美国的高校，达 17 个，包括斯坦福大学和芝加哥大学支部等。校园支部帮助其与青年学生保持了"强有力和持续性的政治关系"，吸引许

---

① "Campus Toolkit", International Socialist Organization., (Nov. 01, 2017), https：//www. internationalsocialist. org/wp-content/uploads/2017/11/campustoolkit. pdf. p. 2.

② "Campus Toolkit", International Socialist Organization., (Nov. 01, 2017), https：//www. internationalsocialist. org/wp-content/uploads/2017/11/campustoolkit. pdf. p. 4.

③ "Campus Toolkit", International Socialist Organization., (Nov. 01, 2017), https：//www. internationalsocialist. org/wp-content/uploads/2017/11/campustoolkit. pdf. p. 7.

④ "Campus Toolkit", International Socialist Organization., (Nov. 01, 2017), https：//www. internationalsocialist. org/wp-content/uploads/2017/11/campustoolkit. pdf. p. 3.

多学生"成为马克思主义者和国际社会主义组织成员"①。

　　总之，无论是成员数量还是支部势力分布上，美国国际社会主义组织相较于美国共产党和美国社会党都具有相对的优势和政治影响力，这使得它在一定时期内可以占据"美国最大的社会主义组织"这个位置。

第五节　21 世纪的政治实践与解体

　　美国国际社会主义组织在金融危机后持续壮大，但又于 2019 年突然解体。该组织的解体引起了广泛关注，并给那些想实现平稳致远发展的美国左翼组织提供了警示和启示。

一　金融危机前后的参政经历及工会运动

　　布什政府时期的美国社会矛盾积累为民主党上台带来了机遇。主张变革的民主党人奥巴马在 2008 年的总统选举脱颖而出。共和党失败的原因，正如美国参议员玛格丽特·凯西·史密斯所指出的那样，"我怀疑共和党是否能取得胜利，……因为我不相信美国人民会支持任何一个把政治盘算放在国家利益之上的政党"②。奥巴马政府对主导国家 8 年之久的布什政策进行了否定，谴责了"贪婪和不负责任的"文化，强调要将美国拉回社会利益至上的理想主义，保障公民平等地享受权利。2010 年奥巴马政府推出了具有社会主义色彩的医改方案，得到了大众的支持；以前被美国民众所恐惧的社会主义，再次受到了欢迎。

　　在金融危机前后，美国民众对"社会主义"态度发生的微妙

---

　　① "Campus Toolkit", International Socialist Organization., （Nov. 01, 2017）, https：// www. internationalsocialist. org/wp-content/uploads/2017/11/campustoolkit. pdf. p. 7.

　　② ［美］约翰·尼古拉斯：《美国社会主义传统》，陈慧平译，社会科学文献出版社 2013 年版，第 14 页。

转变，也为美国社会主义运动创造了良好的条件。在这样的背景下，美国国际社会主义组织也借机积极开展政治实践。2000—2006 年，美国国际社会主义组织先后发起了反对伊拉克战争的抗议，建立了校园反战网络，吸引了一批经历伊拉克战争的美国退伍军人。它还成立了自己的出版社"黑马克特"（Haymarket Books）①，以此传播美国左翼和马克思主义的相关著作。最重要的是，它开启了参与美国地方政治的历程，于 2000 年和 2004 年两次协助绿党成员参与政治选举，丰富了自己的政治经验。在 2006 年，美国国际社会主义组织还帮助其成员托德·克雷蒂安（Todd Chretien）进入绿党，击败了其他两名对手，获得了 12821 张选票，赢得了加利福尼亚州参议员候选人资格②。在奥巴马政府时期，美国国际社会主义组织还在许多社会运动，包括工会运动中留下了足迹，比如校园反性侵运动，占领华尔街运动，芝加哥教师联盟运动，捍卫妇女计划生育权利运动，反对性骚扰的 Metoo 运动，声援西雅图女议员香马·索特③（Kshama Sawant）反种族主义偏见运动及支持巴勒斯坦人民反压迫斗争运动等。取得较大成果的是美国国际社会主义组织发起的，被誉为"新时代工会主义运动典范"的芝加哥教师运动。在这一运动中，美国国际社会主义组织建立了捍卫教师权益的工会——芝加哥教师联盟。

---

① 美国国际社会主义组织将出版社命名为 Haymarket Books，是为了纪念美国劳工运动历史上的"干草市场事件"（Haymarket Riots）。1889 年第二国际第一次代表大会对干草市场运动进行了纪念，并通过了决议要求展开一次伟大的国际示威，以便各地工人都可以开展争取 8 小时工作日的运动。与此同时，第二国际还规定 5 月 1 日为国际示威活动日，也就是后来所称的国际五一劳动节。

② 在竞选过程中，克雷蒂安还得到了加利福尼亚州州长候选人彼得·卡梅霍，副总督候选人唐娜·沃伦，司法部长候选人迈克·怀曼，加利福尼亚州国务卿候选人福雷斯特·希尔等的支持。参见 "United States Senator, Green Party Voter Information", California State Government, (June 06, 2006), http: //www. smartvoter. org/2006/06/06/ca/state/race/usseng; "Todd Chretien", Green Politics, (Jan. 25, 2008), https: //greenpolitics. fandom. com/wiki/Todd_ Chretien。

③ 香马·索特（Kshama Sawant）印度出生，是西雅图大学教授，也是自 1916 年以来再次赢得西雅图市全市大选的社会主义者。2012 年，她成为华盛顿州众议员候选人。

近年来，美国国际社会主义组织芝加哥教师联盟和美国民主社会主义组织在芝加哥市议会选举中获得了数十个席位，获得了较大的政治影响力，成为芝加哥不可忽视的政治力量①。

二 特朗普政府时期的政治实践及反特朗普运动

在特朗普击败民主党总统候选人希拉里上台执政之后，美国左翼的生长环境开始变得恶劣。特朗普将社会主义与爱国主义相对立，强调"共和党人更爱国，而民主党则反其道而行之，偏爱社会主义"②。特朗普许多言论和措施带有明显的民粹主义和种族主义，"像古典法西斯主义领导人一样"③。2/3 的非裔美国人，82%的民主党人，53%的共和党人用"种族主义"形容总统④。美国左翼曾多次对特朗普的过激言论表示不满，发出抗议。在2016 年的总统竞选中，美国国际社会主义组织也迫不得已地声援桑德斯⑤，反对特朗普。

在特朗普就职之前，美国国际社会主义组织就担心他所领导的政府会使美国陷入种族主义及战争边缘。在 2017 年特朗普就职仪式期间，美国国际社会主义组织联合美国民主社会主义组织在华盛顿海军纪念馆、林肯纪念堂以及白宫附近发起了反对特朗普

---

① The Political Committee of the Socialist Equality Party (US), "Factional Provocation, Middle-Class Hysteria, and the Collapse of the International Socialist Organization", WSWS, (April 02, 2019), https：//www.wsws.org/en/articles/2019/04/02/inte-a02.html.

② Kathy Frankovic, "Are Democrats Socialists? Democrats Say No, but Republicans Say Yes", YouGov, (July 26, 2019), https：//today.yougov.com/topics/politics/articles-reports/2019/07/26/are-democrats-socialists-poll.

③ Douglas Kellner, *Critical Theory and Authoritarian Populism*, *Donald Trump as Authoritarian Populist: A Frommian Analysis*, London: University of Westminster Press, 2018, p.72.

④ Aaron Freedman, "Why Democrats Shouldn't Be Afraid To Talk About Socialism", *The Week*, (19, Augst, 2019), https：//theweek.com/articles/859419/why-democrats-shouldnt-afraid-talk-about-socialism.

⑤ Sharon Smith, "The Socialist History They Hide From Us", *Socialist Worker*, (Aug.15, 2016), https：//socialistworker.org/2016/08/15/the-socialist-history-they-hide-from-us？.

就职的抗议，并与英语世界最大的独立激进出版社——沃索出版社（Verso Books）联合直播了这次活动①。由于以前特朗普在选秀节目中多次发表过性别歧视和性别侮辱的言论，美国国际社会主义组织在特朗普上台之后还联合女权主义者发起了长达一年的捍卫女性权利的运动。

特朗普与社会主义者最直接的交锋是他自2018年底以来的反社会主义言论。他将社会主义比作政府专制，认为这与美国的自由和独立水火不容。在谈到委内瑞拉问题时，他强调"社会主义本质上不尊重边界……，它总是寻求扩张，蚕食和征服他人的意志"②。面对这些言论，美国国际社会主义组织在《社会主义工人报》和线上网站专门开辟了特朗普专栏，分析并驳斥其错误言论。后来，特朗普甚至指出，"你别无选择，只能为我投票"，毕竟"我们有一群社会主义者和共产党人要打败"，"我们永远不会成为一个社会主义国家"③。为什么特朗普会在这么多重要的场合诋毁和反对社会主义，很重要的原因就是社会主义思潮和社会主义力量的确对美国政治产生了一定影响。2019年美国《经济学人》的投票公司YouGov的调查显示，"41%民主党人赞成美国从资本主义转向社会主义"，"52%的人对社会主义持赞成态度，只有29%的人持不同观点"；调查还发现"选民对社会主义的了解程度越高，他们就越有可能支持社会主义"，特别是在

---

① "International Socialist Organization Facebook"，（Jan. 28, 2017），https：//www. facebook. com/permalink. php？ story_ fbid = 1404129896288182&id = 122646921103159.

② Adam Marletta, "So Why is Trump Railing Against Socialism", *Socialist Worker*, （Mar. 07, 2019），https：//socialistworker. org/2019/03/07/so-why-is-trump-railing-against-socialism.

③ Aaron Freedman, "Why Democrats Shouldn't Be Afraid To Talk About Socialism", *The Week*, （19, Augst, 2019），https：//theweek. com/articles/859419/why-democrats-shouldnt-afraid-talk-about-socialism.

免费医疗保健被贴上社会主义标签之后[①]。

三 在美国社会主义复兴大背景下解体

正当美国社会主义复兴、美国民众对社会主义的态度发生历史性转变,美国共产党、美国社会党、美国民主社会主义组织的党员或会员数量都一直攀升之时,美国国际社会主义组织最高领导机构的新任指导委员会成员却在 2019 年 4 月宣布组织解体。许多成员选择退出或加入美国民主社会主义组织或其他社会主义团体,令美国左翼震惊不已。

(一) 组织解体的导火索

美国国际社会主义组织的解体得从 2019 年的全国代表大会说起。2019 年 2 月末,美国国际社会主义组织全国代表大会选举出新一任指导委员会,完成了最高领导机构成员换届。但随即新一届指导委员会成员开启了对前任指导委员会成员的清算,并计划投票解散组织。2019 年 3 月 15 日,新一届指导委员会发表《指导委员会致国际社会主义组织成员的信》,指出"国际社会主义组织举行了最重要也是最痛苦的会议,会议致力于清算过去政治文化的破坏性影响"[②];会议"彻底重构了指导委员会、中央委员会、全国支部理事会"[③]。

许多支部在会议中报告了"破坏性政治文化的例子",并和新任指导委员会、中央委员会研究了前成员寄来的文件。随后2013 年指导委员会成员错误处理内部成员性侵案件的丑闻在 2019

---

① Kathy Frankovic, "Are Democrats Socialists? Democrats Say No, but Republicans Say Yes", YouGov, (July 26, 2019), https://today.yougov.com/topics/politics/articles-reports/2019/07/26/are-democrats-socialists-poll.

② ISO Steering Committee, "Letter to the ISO Membership", *Socialist Worker*, (March 15, 2019), https://socialistworker.org/2019/03/15/letter-to-the-iso-membership.

③ ISO Steering Committee, "Letter to the ISO Membership", *Socialist Worker*, (March 15, 2019), https://socialistworker.org/2019/03/15/letter-to-the-iso-membership.

年选举工作完成后被披露。确切来讲，是2013年一名指导委员会成员干预纪律委员会和上诉委员会工作，压制了监察机构对涉事人员的纪律裁决。

事件被曝光后，美国国际社会主义组织新任指导委员会听取了中央纪律委员会报告，召开了紧急会议，与北卡罗来纳州成员、全国支部理事会成员及美国反性骚扰运动"我也是"的（Metoo）委员会召开联席会议对事件进行处理。

（二）组织解体的基本过程

首先是要求涉事的前任指导委员会成员辞职，新任指导委员会投票决定是否暂停其相关工作并终止其成员资格①。随后，指导委员会、中央委员会和其他成员举行联席会议，一致决定驱逐这名涉事的前指导委员会成员，终止他以及其他三名牵涉此案的指导委员会成员的职务和成员资格，并对2013年发生的事情进行全面调查；会议还决定在调查期间中止前指导委员会其他成员，以及负责调查处理此项工作的纪律委员会成员的职务②。新任指导委员会还组建了一个独立于当前指导委员会的机构，该机构可以调查2013年指导委员会涉案成员。新任指导委员会在一周之内多次举行联席会议，讨论、制定事件的公开声明，邀请所有成员通过电话会议参与。

值得注意的是，《国际社会主义组织成员管理条例》规定"在结果明晓之前，不能随意判定有罪"，"审查成员应当严格保守纪律审查的内容"③。但新任指导委员会并没有遵守内部调查程

① ISO Steering Committee, "Letter to the ISO Membership", *Socialist Worker*, (March 15, 2019), https：//socialistworker. org/2019/03/15/letter-to-the-iso-membership.

② ISO Steering Committee, "Letter to the ISO Membership", *Socialist Worker*, (March 15, 2019), https：//socialistworker. org/2019/03/15/letter-to-the-iso-membership.

③ "Members' Toolkit", International Socialist Organization, (Nov. 11, 2017), https：// www. internationalsocialist. org/wp-content/uploads/2017/11/2012－02－iso-members-toolkit. pdf. p. 11.

序和保密条例，也没有对这份举报文件进行核实，留以辩诉的机会，而是直接将举报文件发给全部成员传阅，希望成员撰写文章对其展开批判，"从中吸取教训"。新任指导委员会指出，这一事件反映了"我们的政治文化的失败，……也说明我们未能创造出一套能够优先确定事情真相的程序来取代官僚主义"①。丑闻是"没有责任感的领导层造成的"，"如果没有最大限度诚实的批判，就没有办法在这些问题上取得进展"②。

随后《社会主义工人报》官方网站 SocialistWorker. org 密集发表系列文章对前任指导委员会成员的相关事件进行了反思和批判。2019 年 3 月 20 日明尼苏达大学社会学系助理教授伊丽莎白·雷格莉－菲尔德（Elizabeth Wrigley-Field）对事件发表了评论。根据 SocialistWorker. org 官网，菲尔德着眼于女权主义，发表了对该案件的理解。她指出，"我们当时的国际社会主义组织领导人错误地处理了性侵指控，……我们感到愤怒和痛心，……并采取了一系列紧急措施，包括上周指导委员会给成员信中提到的驱逐和停职"③。菲尔德回顾了 2013 年的所发生的事件，认为该事件是"整个左翼需要面对的问题"，虽然菲尔德并没有对那份文件进行考证，但是她无条件地选择相信所谓的"受害人"。她还希望拥有同样经历的受害人能够"一起行动，相互激励，彼此团结"，因为菲尔德认为，美国国际社会主义组织前领导人利用"程序"干预了纪律委员会的裁决，压制了上诉委员会的调查，使指导委员会的"规则高于真理"④。"本来纪律委员会是独立于

---

①   ISO Steering Committee, "Letter to the ISO Membership", *Socialist Worker*, （March 15, 2019）, https：//socialistworker. org/2019/03/15/letter-to-the-iso-membership.

②   ISO Steering Committee, "Letter to the ISO Membership", *Socialist Worker*, （March 15, 2019）, https：//socialistworker. org/2019/03/15/letter-to-the-iso-membership.

③   Elizabeth Wrigley-Field, "What Socialists Can Learn From Me Too", Socialist Worker, （March 20, 2019）, https：//socialistworker. org/2019/03/20/what-socialists-can-learn-from-metoo.

④   Elizabeth Wrigley-Field, "What Socialists Can Learn From Me Too", *Socialist Worker*, （March 20, 2019）, https：//socialistworker. org/2019/03/20/what-socialists-can-learn-from-metoo.

指导委员会的",但这种官僚主义影响了公平公正。菲尔德也将前指导委员会的包庇归咎于专制、腐败的组织模式,她大力赞扬了新任领导层的民主开明,她指出"我们的新任领导层,……让我们坚持的原则得以实现"①。总之,菲尔德将矛头引向了美国国际社会主义组织的前领导人,为新任领导人创造了有利的舆论环境。

一名成员则指出,前领导人利用"程序"干预纪律委员会的裁决,压制了上诉委员会的调查,使组织的问责机制失灵,前任指导委员会丧失合法性②。美国国际社会主义组织本来是为被压迫人民鸣不平的左翼组织,它出现包庇事件是"多么可怕的错误",严重伤害其他成员对组织的感情。"按照惯例,我们应当着眼规划国际社会主义组织和社会主义左派的未来……但我们现在意识到需要停下来正视正在发生的事情。我们的首要任务是对受到伤害的成员负责。我们还必须从这些严重的错误和违法行为中吸取教训,并尽可能地修复这一事件对人们造成的伤害。这是我们对整个左翼成员的义务。"③

另一名地方支部领导海伦·斯科特(Helen Scott)也对事件发表了评论。她指出"我们被揭露的腐败、性别歧视所震惊。这些都是对国际社会主义组织所坚持的原则的背叛,……这种行为是毁灭性的,因为它与我们所珍视的一切都是对立的。这并不是我们正在构建的组织"④。但斯科特也承认美国国际社会主义组织在过去取得了很多成就,"成就清单是巨大的",而且这些成就不

① Elizabeth Wrigley-Field, "What Socialists Can Learn From Me Too", *Socialist Worker*, (March 20, 2019), https://socialistworker.org/2019/03/20/what-socialists-can-learn-from-metoo.

② Elizabeth Wrigley-Field, "What Socialists Can Learn From Me Too", *Socialist Worker*, (March 20, 2019), https://socialistworker.org/2019/03/20/what-socialists-can-learn-from-metoo.

③ ISO Steering Committee, "Letter to the ISO Membership", *Socialist Worker*, (March 15, 2019), https://socialistworker.org/2019/03/15/letter-to-the-iso-membership.

④ Helen Scott, "Separating What's Good From What's Rotten", *Socialist Worker*, (March 21, 2019), https://socialistworker.org/2019/03/21/separating-whats-good-from-whats-rotten.

会被"这些错误否定"。她还表示,在参与美国国际社会主义组织的社会主义运动斗争中,她"成为了一个更好的人"①。但斯科特也知道"组织不是目的地","我们许多人确实看到了问题。也有人离开了,没有提出他们的担忧。其他人试图提出一些建议,可惜我们没有听从。虽然我们鼓励充分的政治辩论,但我们没有一种理论可以对组织本身进行系统的批评"②。因此在这种情况下,"现在的任务只能是将我们项目中所有优秀的和有价值的东西与腐烂的东西分开。看到当前领导层不断努力向前发展,我感到鼓舞,我希望他们能够在没有束缚的情况下,以最好的方式重建组织"③。

在美国国际社会主义组织成员对事件进行批判与反思之后,事情越演越烈,从批评演变为对整个组织的否定。2019 年 3 月 28 日,SocialistWorker. org 刊载成员唐·拉什④(Don Lash)的文章,开始对组织的制度进行清算。拉什指出,2013 年事件的"处理过程出现了惊人的失败,人们对国际社会主义组织的调查能力已经失去了信心",他认为 2013 年的纪律委员会、上诉委员会和指导委员会极不称职,充满了鲁莽和机会主义,他甚至将前指导委员会成员对事件的处理称为"资产阶级法律主义"。另外,他也认为,纪律委员会实际上完成了纪律审查这项工作,只是被指导委员会破坏和操纵。总的来看,拉什认为美国"国际社会主义组织在政治方面没有取得任何进展。其民主集中制已经破旧不堪,其

---

① Helen Scott, "Separating What's Good From What's Rotten", *Socialist Worker*, (March 21, 2019), https：//socialistworker. org/2019/03/21/separating-whats-good-from-whats-rotten.

② Helen Scott, "Separating What's Good From What's Rotten", *Socialist Worker*, (March 21, 2019), https：//socialistworker. org/2019/03/21/separating-whats-good-from-whats-rotten.

③ Helen Scott, "Separating What's Good From What's Rotten", *Socialist Worker*, (March 21, 2019), https：//socialistworker. org/2019/03/21/separating-whats-good-from-whats-rotten.

④ 据《国际社会主义评论》介绍,唐·拉什是一名专注于儿童福利和教育法律的执业律师,也是美国国际社会组织的成员。见 https：//isreview. org/person/don-lash。

支部的规则条例也十分陈旧"①。未来要做的就是清除"之前的任何有毒元素"，建立"一个新的实体以替代旧的国际社会主义组织"②。

2019 年 3 月 29 日，SocialistWorker. org 又发表莱恩·比恩（Brian Bean）的文章，对美国国际社会主义组织创始成员哈尔·德雷珀的基本理论进行了否定。比恩指出，德雷珀是美国国际社会主义组织的"创始人之一，也是传统理论的领导者"，"虽然德雷珀的大部分工作都非常重要"，但是他创立美国国际社会主义组织的指导理论是有缺陷和错误的③。德雷珀的理论带有严重的马克思主义原教旨主义色彩；他认为德雷珀创建的美国国际社会主义组织相当于布尔什维克小团体，是宗派主义的产物；组织应该实现宗派统一，合并到美国民主社会主义组织中去。此外，比恩还回顾了德雷珀创建组织的历史进程，他对德雷珀的评价几乎都是"失败者"等负面用语。

新任领导层在机关报网站集中发表清算文章，是为了抢夺组织的领导权。进一步说，新任领导人试图为美国国际社会主义组织的解体做铺垫。2019 年 4 月 2 日新任指导委员会在线上组织召开紧急的全国代表大会，撰写了调查报告，报告显示 70% 的成员同意解散组织，并终止《社会主义工人报》和《国际社会主义评论》出版，而 30% 的成员表示应当继续发展，重建独立的社会主

---

① Don Lash, "We Can Believe Survivors and Presume Innocence", *Socialist Worker*, (March 28, 2019), https：//socialistworker. org/2019/03/28/we-can-believe-survivors-and-presume-inno-cence.

② Don Lash, "We Can Believe Survivors and Presume Innocence", *Socialist Worker*, (March 28, 2019), https：//socialistworker. org/2019/03/28/we-can-believe-survivors-and-presume-inno-cence.

③ Brian Bean, "Critical Thoughts About Draper's 'Micro-Sect'", *Socialist Worker*, (March 29, 2019), https：//socialistworker. org/2019/03/29/critical-thoughts-about-drapers-micro-sect.

义组织①。但按照美国国际社会主义组织民主投票规则，超过 2/3
的成员赞成提案，提案即可生效。因此，这次线上全国代表大会
和内部成员民意调查实际上宣告了拥有 40 多年历史的美国国际社
会主义组织正式解体。有成员反对组织草率的解散。海莉·佩
辛② (Haley Pessin) 就主张改进国际社会主义组织，"而不是放弃
它"③。她认为美国仍需要这样一个组织将社会活动家联合起来，
为争取多数人的利益而努力，"确保代表工人阶级利益的政党在
美国不断发展"，"即使像其他人所说的那样，国际社会主义组织
不再能够成为联系具有共同信念的人的平台，……但我认为也不
应该将其解散"④。

（三）组织解体后的遗产

美国国际社会主义组织解散之后，新任指导委员会成员随即
加入了民主党或者美国民主社会主义组织（DSA），并宣布《社
会主义工人报》和 SocialWorker. org 停止更新。但由于这份报纸与
美国国际社会主义组织密切相关，因此新任领导层决定将《社会
主义工人报》和网站都保留下来，作为追溯美国国际社会主义组
织发展的历史档案和历史遗产。而社会主义大会也将作为左翼团
体的交流平台保留下来，改由美国民主社会主义组织的雅各宾杂
志 (*Jacobin*) 举办，继续发挥作用。2019—2020 年，大会仍如期
举行，并"成为美国当下左派的重要集会场所"⑤，但社会主义大

① "The ISO's Vote to Dissolve and What Comes Next", *Socialist Worker*, (April 02, 2019),
https：//socialistworker. org/2019/04/02/the-isos-vote-to-dissolve-and-what-comes-next.

② 据其自述，他的父亲也是美国国际社会主义组织的成员。

③ Haley Pessin, "We Must Continue to Fight for Socialism from Below", *Socialist Worker*,
(March 29, 2019), https：//socialistworker. org/2019/03/29/we-must-continue-to-fight-for-social-
ism-from-below.

④ Haley Pessin, "We Must Continue to Fight for Socialism from Below", *Socialist Worker*,
(March 29, 2019), https：//socialistworker. org/2019/03/29/we-must-continue-to-fight-for-social-
ism-from-below.

⑤ 田曦：《在资本主义困境与危机中凝聚左翼力量——2019 年美国社会主义大会述要》，
《世界社会主义研究》2019 年第 10 期。

会会不会成为美国社会主义新的立足点，或者"政治家园"① 还有待时间检验。

另外，美国国际社会主义组织最大的遗产就是经济研究与社会变革中心（CERSC）的 Haymarket Books，它被称为"国际社会主义组织遗产中的皇冠宝石"②。CERSC 是美国国际社会主义组织的 501（c）（3）③ 非营利组织，黑马克特出版社（Haymarket Books）是经济研究和社会变革中心的核心项目。

有学者认为，美国国际社会主义组织内部发生冲突的另一个主要原因其实是各方对 CERSC、Haymarket Books 的争夺，因为 CERSC 资产高达数百万美元。在 2017 年的税务申报中，CERSC 净收入为 320 万美元，图书销售收入为 360 万美元，基金会提供的捐款超过 100 万美元。2017 年 CERSC 还支付了员工工资和福利近 90 万美元。CERSC 是基金会捐款的受益者。2017 年 Tides 基金会和兰南基金会的资助将近 50 万美元。兰南基金会与美国国际社会主义组织成员有着密切的关系。兰南基金会曾向几位美国国际社会主义组织的成员提供资助撰写书籍并出版，包括普林斯顿大学专门从事身份政治研究的终身教授 Keeanga-Yamahtta Taylor。另外，兰南基金会还向 CERSC 提供了一项补助金，用于购买位于芝加哥布埃纳帕克，价值 230 万美元的建筑，将其作为黑马克特出版社（Haymarket Books）的大本营。但是在新任领导层上台以后，之前 CERSC 的 6 名高管、董事，包括其创始成员 Sharon Smith、Ahmed Shawki、Lance Selfa 和 Paul D'Amato 等都被清理出

① Juan Cruz Ferre, "We Need More Leninism, Not Less", *Left Voice*, （May 04, 2019）, https: //www. leftvoice. org/we-need-more-leninism-not-less.

② Paul Le Blanc, "What Happened to the International Socialism Organization", URPE, （May 26, 2019）, https: //urpe. org/2019/05/26/what-happened-to-the-international-socialist-organization/.

③ 501（c）条款是美国国内税收法中的一项条款，它包含了非营利组织税收减免的多种政策。

局。可以预料,在美国国际社会主义组织解体之后,新任领导层将和那些被迫离职的前领导人产生诉讼,以争取遗产的归属权。

当然,除了这些看得见的遗产外,美国国际社会主义组织的解体还为美国左翼的发展提供了教训和鉴戒,这是它留下的无形的政治遗产。我们应当正确认识美国国际社会主义组织的解体。该组织的解体实际上是教条主义、宗派主义、机会主义的失败。美国信奉马克思主义、社会主义的政治组织,只要认真总结经验教训,就有机会使美国社会主义得到振兴。美国国际社会主义组织的实践是马克思主义与美国实际相结合的运动探索,它的历史丰富了世界社会主义运动案例,以及人们对美国社会主义的认识,是美国社会主义发展史中的宝贵遗产,应当正确对待。

第 二 章

美国国际社会主义组织的兴衰分析

美国国际社会主义组织的壮大和解体是内外部因素相互作用的结果。而蕴含在这兴衰之下的种种因素也为美国左翼的进一步发展提供了重要启示。

第一节　组织发展壮大的客观原因

美国国际社会主义组织的发展壮大得益于美国资本主义无法克服的经济矛盾，当然也得益于美国悠久的社会主义传统。

一　经济矛盾与美国梦的终结为其提供动力

美国国际社会主义组织得以发展的根本原因在于美国资本主义无法克服的经济矛盾，不断地为美国社会主义运动增添动力。无论是 20 世纪 30 年代"大萧条"，或者战后美国社会不平等、金融危机背景下蕴藏的资本主义社会矛盾，都为美国社会主义的发展培植土壤。而美国社会系统性经济危机也引发了大规模的阶级斗争，以及工人对资本主义国家权力的冲突对抗，使资产阶级民主制——以前是阶级联合的障碍——成为如今美国工人阶级进行独立政治行动并组建社会主义政党的跳板。

此外，美国梦的终结也激化了美国社会矛盾，使美国工人阶级更倾向于选择社会主义，发动对美国资产阶级的斗争。我们知道,美国梦的核心在于,美国阶级体系具有较强的流动性,它能够给下层带来很多向上流动的机会,穷人只要通过努力就可以实现阶级跨越。在美国早期,这具有有效性。然而,在美国西扩运动完成、向上流动的阶梯逐步消失之后,美国梦的效力就越来越小了。实际上,在战后美国经济社会矛盾没有从制度上得到根本解决,阶级不平等和阶级矛盾冲突的因素没有根除的情况下,美国梦对于普通工人来讲,已经难以实现了。"人们会说,不要担心不平等。穷人的后代有和富人的后代拥有同等的机会。但那不是真的。在学术界提出这种论点已经不再值得尊敬了。"[1] 虽然确实有一部分脱离了工人阶级,也有一些中产阶级变成了资本家,但这场运动也朝着相反的方向发展,即向下流动。有研究表明,美国实际上已经从"机会之地变为剥削之地","每个人都享有平等的机会,都可以通过努力改变自己的生活"的美国梦已经破灭,美国社会主义将因此而不断兴起[2]。

二 美国的社会主义传统为其创造良好的环境

美国国际社会主义组织不是美国历史最悠久的社会主义组织,但它的产生的确与美国悠久的社会主义传统有关。在信奉自由主义的人眼中,美国无疑是一个典型的资本主义国家,它不可能拥有社会主义传统,但美国的确是一个具有社会主义传统且社会主义观念一直在塑造它的国家。

社会主义作为美国历史的组成部分不是抽象的而是具体的,马克思指出"社会主义和共产主义不起源于德国而起源于英国、法国和北美"[3],这里的北美其实就是美国。欧文、傅立叶、卡贝

---

[1] Janny Scott and Danny Leonhardt, "Shadowy Lines That Still Divide in the Class Matters Series", *New York Times*, May 15, 2005.

[2] 杨柠聪、白平浩:《学术界研究"美国有没有社会主义"的四种范式》,《科学社会主义》2020 年第 1 期。

[3] 《马克思恩格斯全集》第 4 卷,人民出版社 2016 年版,第 334 页。

在美国的早期空想实验及 19 世纪美国的社会主义运动都表明
"美国是社会主义的摇篮"①。而无论是 19 世纪的惠特曼、潘恩、
林肯，还是 20 世纪的马丁·路德·金、米歇尔·哈林顿，他们都
是美国革命的亲历者或者社会主义理念的支持者和倡导者②。在
美国，尽管有"下水道社会主义者"不相信阶级斗争，但不管是
过去还是现在，社会主义思想在美国仍有大量的支持者。1946
年，坎农在《美国革命论纲》中指出，"尽管美帝国主义实力超
强，尽管它携'二战'大胜之威严，但是'美国的世纪'也终将
衰落，因为美国也无法摆脱阶级斗争的规律"，而"二战"后的
局势表明"美国的阶级斗争形势越来越趋向革命了"③。20 世纪
60 年代的新左派学生革命运动，"二战"后至今的黑人反种族主
义的社会革命运动都证明了这一点。而美国一直以来的社会主义
传统和阶级斗争历史，为美国国际社会主义组织的发展提供了志
同道合的朋友或榜样，为其开展社会主义运动创造了良好的环境。

第二节　组织发展壮大的自身条件

美国国际社会主义组织的发展壮大不仅与上述两个论点有关，
还与其独特优势有莫大的关系。美国国际社会主义组织之所以能
够成为"美国最大的社会主义组织"还取决于自身完备的制度架
构及丰富的宣传和学术交流体系。

一　完备的制度架构为组织的发展奠定重要基础

美国国际社会主义组织的创始成员大多都是大学教师和学生，

---

① ［日］白井厚：《社会主义的摇篮——美国》，《国外社会科学》1981 年第 2 期。

② ［美］约翰·尼古拉斯著：《美国社会主义传统》，陈慧平译，社会科学文献出版社
2013 年版，第 3 页。

③ ［美］詹姆斯·P. 坎农：《美国革命论纲》，《中文马克思主义文库》，https：//www.
marxists. org/chinese/cannon/mia-chinese-cannon – 194611. htm，2020 年 6 月 3 日。

并不是职业的活动家,但它自1977年成立以来就在有意识地建立一套独具特色的制度架构开展运动,并努力在政治实践中发挥领导作用。政治实践需要一套完整的制度架构作为支撑,而它已经建立起来。并且,通过对比美国国际社会主义组织的《规则和程序》,美国共产党的新《党章》以及美国社会党的《党的机构》,我们还可以发现,美国国际社会主义组织的制度架构设计具有一定优势。

表1　美国国际社会主义组织、美国共产党、美国社会党的制度设计

名称	美国国际社会主义组织	美国共产党	美国社会党
最高权力机构	全国代表大会	全国代表大会	全国代表大会
最高领导机构	指导委员会	中央委员会	中央委员会
最高决策机构	中央委员会	全国代表大会	全国代表大会
监察机构	纪律委员会	已取消	—
上诉机构	上诉委员会	—	—
理事机构	全国支部理事会	已取消	—
紧急议事机构	全国特别委员会	—	—
教育机构	"教育局"	—	—

1. 美国共产党和美国社会党的最高权力机构、最高决策机构都是全国代表大会,最高领导机构是中央委员会,全国代表大会既是最高权力机构又是最高决策机构,其权力比较集中。相较而言,美国国际社会主义组织的最高权力机构、最高领导机构和最高决策机构分属全国代表大会、指导委员会和中央委员会。单从理论上讲,美国国际社会主义组织的组织架构和权力架构是分立的,也是最民主的,这保证了成员开展工作的自主性和积极性。

2. 与美国社会党和美国共产党相比,美国国际社会主义组织的权力制衡机制和日常事务处理机制是最完善的。它不仅具有纪律委员会和上诉委员会履行内部监察职能，还有全国支部理事会和特别会议处理日常和紧急事务。而美国社会党目前没有相应的职能部门。虽然美国共产党之前有监察委员会和全国支部理事会，但它在 2001 年党的第 27 次代表大会取消了这两个重要的职能机构①。

3. 与美国共产党和美国社会党相比，美国国际社会主义组织还设有专门的教育部门（ISO Education Department）定期召开教育会议，组织新老成员"深入阅读和探讨"马克思主义的经典著作②，以确保每个成员接受政治教育，了解社会主义的理论和实践动向。该组织还为新成员提供了《成为马克思主义者》《马克思主义经典学习丛书》③ 等阅读资料，帮助其学习马克思主义和社会主义相关知识。它认为"成员应当在马克思主义的指导下开展社会主义运动"，与此同时，"只有社会主义才是人类社会前进

---

① 2001 年美国共产党召开第 27 次全国代表大会，修订了党章，取消了监察委员会的机构，全国理事会的机构设置。具体参阅丁淑杰《从新党章看美国共产党的新变化》，《咸宁师专学报》2002 年第 2 期。

② International Socialist Organization，"Marxist Classics Study Series"，https：//www. internationalsocialist. org/wp-content/uploads/2017/12/Marxist-classics-study-series – 2017. pdf.

③ 阅读资料包括《我们的立场》（*Where We Stand*），保罗·达马托（Paul D'Amato）《马克思主义的意义》（*The Meaning of Marxism*），马克思恩格斯《共产党宣言》，恩格斯《社会主义从空想到科学的发展》，哈尔·德雷珀（Hal Draper）《社会主义的两个灵魂》（*The Two Souls of Socialist*），列宁《国家与革命》《帝国主义论》，罗莎·卢森堡《社会改良还是革命》，艾哈迈德·肖奇（Ahmed Shawki）《黑人解放与社会主义》（*Black Liberation and Socialism*），莎伦·史密斯（Sharon Smith）《妇女与社会主义》（*Women and Socialism*），西德尼·伦斯（Sidney Lens）《美帝国的锻造》（*Forging of the American Empire*），兰斯·塞尔法（Lance Selfa）《民主党：批判的历史》（*The Democrats：A Critical History*），雪莉·沃尔夫《性与社会主义》（*Sexuality and Socialism*）等。这些著作涉及马克思主义经典作家的相关理论，以及美国社会主义者关于美国政治社会的见解，对成员认识、了解、掌握马克思主义，结合美国实际情况开展斗争具有积极意义。参阅 "New Members Education Program"，https：//www. internationalsocialist. org/wp-content/uploads/2017/12/new-members-education-program-final-april_ 2015. pdf；"Marxist Classics Study Series"，https：//www. internationalsocialist. org/wp-content/uploads/2017/12/Marxist-classics-study-series – 2017. pdf。

的必由之路"①。事实上，这些教育措施在美国社会主义政治组织中很少见，美国国际社会主义组织之所以这样做，与其创始成员都来自大学的背景有关，也与其提高成员的理论与实践水平的目标密不可分。

4. 与美国共产党和美国社会党相比，美国国际社会主义组织更加注重支部工作，并且拥有更加细致的支部发展条例。以职责分工为例，它拥有组织员、协调员、联络员、财务主管、《社会主义工人报》（Socialist Worker）组织者、文学组织者、《国际社会主义评论》（International Socialist Review）组织者、支部组织者等多重角色②。其分工明确，职能完善，推动了支部建设工作。

_____

① "Members' Toolkit", International Socialist Organization, （Nov. 11, 2017）, https：//www. internationalsocialist. org/wp-content/uploads/2017/11/2012 – 02 – iso-members-toolkit. pdf. pp. 9 – 10.

② 美国国际社会主义组织《成员手册》规定，较大支部有：组织员、协调员、联络员、财务主管、《社会主义工人报》（Socialist Worker）组织者、文学组织者、《国际社会主义评论》（International Socialist Review）组织者，及支部组织者。"为了达到最佳效果，即使是最小的支部也要选举一个同志为'支部组织员'，负责监督组织和执行基本的政治任务"。这里的支部组织员类似于共产党的支部书记。其中，组织员的工作是负责准备会议主题，安排政治活动，根据国际社会主义组织的政治理论为支部提供政治引导。协调员的工作是跟踪新老成员的发展状态，让新成员参与到支部活动中，并帮助其了解国际社会主义组织的相关政策和理论；协调员与一名或数名成员组织正式会议，审查成员是否符合国际社会主义组织成员的入会要求，并解答新成员提出的有关政治或组织问题。联络员是为了与那些对国际社会主义组织感兴趣的人保持联系，负责支部邮件收发和支部成员资格申请工作，关注那些对社会主义运动感兴趣的人，确保支部同志积极参与到政治讨论中来，使他们认识到建立社会主义政治组织的必要性。财务主管是负责每月向支部成员收取会费，协调支部筹资活动，并将资金汇至国家办事处。《社会主义工人报》的组织者负责印刷品分发、销售，指派成员为网站SocialistWorker. org 撰写文章，"目标是让所有的成员都能积极主动地为网站撰写文章"。文学组织者是而为了确保分支机构拥有国际社会主义组织的全部书籍和小册子，在支部内外推广社会主义文学。《国际社会主义评论》组织者的工作则是为了鼓励成员或非成员购买、订阅《国际社会主义评论》，与当地的书店合作销售《国际社会主义评论》；通过《国际社会主义评论》的文章来教育成员；将本期刊在活动中加以演示，并将其销售给盟友。分支组织者在每个分支都应存在，分支组织者的工作是定期召开分支会议，提出相关建议、议题供成员讨论；将分支会议内容、结果定期向分支所在支部委员会报告。参见"Members' Toolkit", International Socialist Organization, （Nov. 11, 2017）, https：//www. internationalsocialist. org/wp-content/uploads/2017/11/2012 – 02 – iso-members-toolkit. pdf。

与此同时，它的支部不仅落实领导机构和权力机关的交予的政治任务，还注重教育成员积极开展政治运动。美国国际社会主义组织认为，"一个强大的支部，其成员总是在寻找机会参与当地反对资本主义的斗争，无论这种契机何时出现"①，支部的"目标是让成员在每个地方都有机会进行有意义的斗争"②。另外，相较于美国共产党和美国社会党，它还拥有强大的学生支部体系和校园招聘策略，使其能够在校园运动中发挥堡垒作用，并对政治事件做出反应，在必要时发起斗争。

二 发行《社会主义工人报》与美国工人阶级保持密切联系

任何伟大的理论都必须是为人民所了解，它必须涉及本质的、迫切的现实问题。在完善的组织架构之外，美国国际社会主义组织还拥有多种学术交流媒介立足美国国情，研究美国工人所面临的现实问题和理论问题。美国国际社会主义组织的这些媒介可以为美国工人阶级提供学习和交流马克思主义的平台，也可以提高社会主义在美国的受众，以及本身的政治影响力、吸引力。而该组织的宣传和学术交流媒介主要为报纸、学术刊物、出版社和学术会议。

美国统治阶级利用报纸在内的工具构建意识形态，以达到影响公民思想的目的，而美国工人阶级也需要一份纸质媒体来占领意识形态阵地，宣传和反映本阶级利益。美国国际社会主义组织自成立以来一直坚持出版《社会主义工人报》，它被认为是美国

---

① "Members' Toolkit", International Socialist Organization, （Nov. 11, 2017）, https：//www. internationalsocialist. org/wp-content/uploads/2017/11/2012 - 02 - iso-members-toolkit. pdf. p. 9.

② "Members' Toolkit", International Socialist Organization, （Nov. 11, 2017）, https：//www. internationalsocialist. org/wp-content/uploads/2017/11/2012 - 02 - iso-members-toolkit. pdf. p. 10.

"最古老的报纸之一"①。美国国际社会主义组织正是通过这份报纸表达了美国工人阶级的政治观点,传播了组织的政治理论,吸引了对社会主义感兴趣的民众加入组织。正如列宁《从何着手?》所说,"报纸不仅是集体的宣传员和集体的鼓动员,而且是集体的组织者,……依靠报纸并通过报纸自然而然会形成一个固定的组织"②。《社会主义工人报》很好地实现了这些功能,它"可以在每个工作场所充当组织者将工人阶级团结起来"③,也可以"找出那些对我们政治感兴趣的人",与之"建立政治联系"④。2008年,为了进一步适应理论与实践的需要,组织还开辟了《社会主义工人报》的线上媒体 SocialistWorker. org,作为"人们从左翼获取新闻和观点的地方"⑤。它致力于报道主流媒体很少关注的劳工斗争故事及左翼新闻,为社会主义活动家提供政治交流论坛⑥,进一步拓宽组织的受众途径及其在工人阶级中的影响力。

三 创办学术刊物《国际社会主义评论》争夺政治话语权

列宁曾指出我们的"政治报纸(有学术刊物支持的),才能取得真正的领导权"⑦。显然,学术刊物对左翼组织的发展极其重要。1997 年,美国国际社会主义组织的理论家保罗·达马托,为

① "Socialist Worker (Cleveland & Chicago)", Marxists' Internet Archive, (July 09, 1998), https://www. marxists. org/history/etol/newspape/sw-us/index. html.

② 《列宁全集》第 5 卷, 人民出版社 2017 年版, 第 8—9 页。

③ "Solidarity-Selling Socialist Worker", Marxists. org, (Dec. 28, 2017), https://www. marxists. org/history/etol/newspape/socrev/1995/sr184/rees2. htm.

④ International Socialist Organization, "Members' Toolkit", (Nov. 11, 2017), https://www. internationalsocialist. org/wp-content/uploads/2017/11/2012 – 02 – iso-members-toolkit. pdf. p. 5.

⑤ "About Socialist Woker", *Socialist Worker*, (July 21, 2009), https://socialistworker. org/about.

⑥ "About Socialist Woker", *Socialist Worker*, (July 21, 2009), https://socialistworker. org/about.

⑦ 《列宁全集》第 44 卷, 人民出版社 2017 年版, 第 88 页。

了适应抢占政治话语高地，发展美国左翼学术的需要，创办了学术刊物《国际社会主义评论》①。该刊物致力于从马克思主义的视角研究政治、历史和时事，并且"致力于推进美国左翼和国际社会主义的理论与实践"②，就 21 世纪社会发展、左翼面临的挑战和机遇，开展批判性的分析，并且以此为组织的政治理论和运动实践提供学术指导。另外，《国际社会主义评论》还坚持"自下而上的社会主义"传统，从事支持民族解放运动、反对帝国主义的理论研究。该期刊由美国国际社会主义组织的经济研究和社会变革中心（Center for Economic Research and Social Change，简称 CERSC）每季度出版一次，从 1997 年到 2019 年连续出版。《国际社会主义评论》从马克思主义视角研究，就 21 世纪世界社会主义面临的挑战和机遇进行分析，对右翼错误的学术观点及言论进行批判，一定程度上争夺了话语权，提高了话语影响力。

四　"进步媒体"黑马克特出版社提高组织知名度和影响力

得益于美国国际社会主义组织创始成员的学术背景，该组织还创办了专注于马克思主义研究的黑马克特出版社（Haymarket Books）。该组织的出版社与其学术刊物的功能有相似之处，其目的都是传播左翼学术，推动左翼运动发展。2001 年《国际社会主义评论》编委会成员在芝加哥创办黑马克特出版社③。黑马克特出版社的宗旨是出版"改变世界的书籍"，包括马克思主义理论及美国激进左派学者的相关专著，也包括与《历史唯物主义》

① 其名称与 1906 年桑巴特《为什么美国没有社会主义》序言中提到的美国社会党官方刊物相同。

② International Socialist Organization，"About the International Socialist Review"，（Feb. 01，2004），https://isreview.org/about.

③ 黑马克特和《国际社会主义评论》一样隶属于美国国际社会主义组织的实体机构——经济研究和社会变革中心（CERSC）。CERSC 是非盈利的教育和文化组织，强调注重边缘化的声音，试图为社会不公提供解释和解决方案。

(*Historical Materialism*) 杂志社合作出版的《历史唯物主义丛书》(Historical Materialism Book Series) 等通识读物。黑马克特出版社得到了美国兰南基金会 (Lannan Foundation)、凯皮林哈基金会 (Caipirinha Foundation) 和华莱士全球基金会 (Wallace Global Fund) 资助。被美国《图书馆杂志》(*Library Journal*) 称赞为美国图书世博会 (BookExpo America) "最伟大的发现",也被《纽约时报》评选为美国十大左翼出版社及"进步媒体"重要成员①。

让黑马克特出版社自豪的是它的作者涵盖乔姆斯基、霍华德·津恩及埃尔弗里德·耶利内克等美国著名左翼学者,这些学者曾获得过普利策奖、国家图书奖或诺贝尔文学奖。而另一些作者,比如艾米·古德曼 (Amy Goodman)、达尔·贾迈勒 (Dahr Jamail)、迈克·戴维斯 (Mike Davis)、戴夫·齐林 (Dave Zirin)、阿伦达蒂·罗伊 (Arundhati Roy)、华莱士·肖恩 (Wallace Shawn)、大卫·巴萨米 (David Barsamian)、伊兰·佩纳 (Ilan Pappé) 等也"成为了民主政治的主角",活跃于 CNN、BBC、Fox,《泰晤士报》《纽约时报》《卫报》《华盛顿邮报》《新政治家》等主流媒体②。这些作者选择将著作交予黑马克特出版,表达了对出版社的"支持"和肯定,与此同时,提高了该组织的吸引力③。另外,黑马克特出版社还与"联合图书销售和分销"公司 (Consortium Book Sales and Distribution,简称 CBSD) 合作,同美国、加拿大、欧洲、印度、澳大利亚等国的 90 多个独立出版社建立了联系,使其能够接触到这些国家的读者和书籍贸易,让图书在全球分销。它声称"我们的图书遍布全球,可以销售到任何

---

① CERSC, "Haymarket Books", (Dec. 09, 2004), https://cersc.org/haymarket.html.

② CERSC, "Haymarket Books", (Dec. 09, 2004), https://cersc.org/haymarket.html.

③ CERSC, "Haymarket Books", (Dec. 09, 2004), https://cersc.org/haymarket.html.

市场，包括世界各地的军事基地"①，而这也提高了组织的知名度。

五　通过社会主义大会获得美国学术左翼的支持

学术会议是研究人员信息交流的重要渠道，美国国际社会主义组织为了促进美国左翼学术交流，在 2007 年创办了社会主义大会，以此作为美国学术左翼提出和讨论马克思主义相关问题的论坛。社会主义大会每年 7 月在芝加哥举行，任何对社会主义感兴趣的人士都能与会。社会主义大会每年会根据世界社会主义的发展态势确定主题，包括基本政治理论、社会主义传统、现代政治发展、反对种族主义、反性别歧视和左、右翼发展现状，等等。

每次会议都吸引了来自美国和世界各地的活动家、政治人士和社会主义者。美国左翼学者大卫·哈维也参加社会主义大会，并在 2019 年以马克思《资本论》导读为题作了学术报告。社会主义大会得到美国民主社会主义组织雅各宾杂志和英语世界最大的激进出版商——沃索的支持。2017 年和 2019 年中国学者还专门撰写了文章对会议进行了述评。可见，美国国际社会主义组织在世界社会主义运动中具有一定的基础，获得了众多美国学术左翼的关注和支持。

总之，美国资本主义社会无法克服的经济社会矛盾，美国悠久的社会主义传统为美国国际社会主义组织的产生和发展创造了良好的环境，其自身完备的机构体系，多维全面的宣传和学术体系也为其提高影响力奠定基础。美国国际社会主义组织 2009 年发展成为"美国最大的社会主义组织"是这几个因素相互作用的结果，它的壮大促进了美国社会主义的发展。

---

① CERSC，"Haymarket Books"，（Dec. 09，2004），https：//cersc. org/haymarket. html.

第三节 组织解体的内外部因素

美国国际社会主义组织是美国"左派的标杆"，它的解体"在美国左翼圈子引起了混乱"，"许多具有社会主义斗争经验的同志质问，一个代表马克思主义传统的最优秀的分子为什么会突然消失"[①]。美国国际社会主义组织的资深成员、美国劳洛施大学（La Roche College）文理学院院长、历史学教授 ——保尔·莱·布朗克表示，"对于关心政治，特别是社会主义的人来说，不能对美国国际社会主义组织的消亡不屑一顾"[②]。一个历史悠久的美国社会主义组织在短短一个多月崩塌，的确有许多疑点和原因需要探讨，"如果不对国际社会主义组织的解体因素进行更深入的分析，就无法解释其为什么突然消失"[③]。

一 内部监察失效

按照官方的解释，组织解体的直接原因是前最高领导层成员破坏内部监察制度，导致性侵处理不当。这一原因是否是新任指导委员会夺取权力的借口值得调查。尽管他们竭力宣称"组织的消亡是不可避免的"[④]，但具有四十多年历史的政治组织因为这一原因解体，在部分成员看来的确不可接受。有成员指出，"那些

---

① Paul Le Blanc，"What Happened to the International Socialism Organization"，URPE，（May 26，2019），https：//urpe. org/2019/05/26/what-happened-to-the-international-socialist-organization/.

② Paul Le Blanc，"What Happened to the International Socialism Organization"，URPE，（May 26，2019），https：//urpe. org/2019/05/26/what-happened-to-the-international-socialist-organization/.

③ Juan Cruz Ferre，"We Need More Leninism，Not Less"，*Left Voice*，（May 04，2019），https：//www. leftvoice. org/we-need-more-leninism-not-less.

④ ISO Steering Committee，"Taking Our Final Steps"，（April 19，2019），https：//socialist-worker. org/2019/04/19/taking-our-final-steps.

受到挑战的前领导并不是坏人，相反，我尊重他们，因为他们毕生致力于社会主义运动"①。那些企图解散组织的新任领导人并"没有接受过马克思主义理论教育"，不过是"无原则的派系主义和机会主义"罢了②。

许多成员认为组织的解体并不是新任指导委员会所说的那么简单，他们对内部监察制度失效及性侵处理不当材料的真实性也表示怀疑③，并且认为很多对事件的解读都带有非理性色彩，比如明尼苏达大学社会学助理教授伊丽莎白·沃格利·菲尔德（Elizabeth Wrigley-Field）在发表批评意见之前"根本就没有阅读过性侵指控文件"，与此同时，"她也根本不相信事件调查"④。实际上这份指控文件并非性侵指控，而是详细说明了指导委员会成员肖奇（Shawki）对受害人"多年来的情感虐待"，而这一点被美国女权主义组织 Metoo 委员会过度放大⑤。更为蹊跷的是，"提出指控的人拒绝参加国际社会主义组织召开的纪律审查会议"，"新任指导委员会没有给被告任何辩诉的机会"，他们只是认为被

---

① Paul Le Blanc，"What Happened to the International Socialism Organization"，URPE，（May 26，2019），https：//urpe. org/2019/05/26/what-happened-to-the-international-socialist-organization/.

② Political Committee of the Socialist Equality Party（US），"Factional Provocation，Middle-class Hysteria，and the Collapse of the International Socialist Organization"，WSWS，（April 02，2019），https：//www. wsws. org/en/articles/2019/04/02/inte-a02. html.

③ Dave，Schmauch，"A Former Member on the Collapse of the International Socialist Organiza-tion"，（May 15，2019），https：//socialism. com/statement/stay-the-revolutionary-course-a-former-members-thoughts-on-the-collapse-of-the-international-socialist-organization/.

④ David Walsh，"Leaders of Dissolved International Socialist Organization Openly Embrace Dem-ocratic Party Politics"，WSWS，（04 Jun 2019），https：//www. wsws. org/en/articles/2019/06/24/isdp-j22. html.

⑤ "Inside the International Socialist Organization's Dissolution After a Rape Cover-Up"，（April 12，2019）https：//medium. com/@ isoleakss/inside-the-international-socialist-organizations-dissolu-tion-after-a-rape-cover-up-b954e354143.

告有罪,"无需任何证据"①。基于此,美国社会主义平等党认为,所谓的内部监察制度失效导致的性侵处理不当事件,只是其内部机会主义者炮制出来攻击和清算左派创始成员及其领导的借口,试图让外部相信组织崩溃的原因就是性侵处理不当事件"是荒谬的,只有那些天真或愚蠢的人才会相信"②。

二 缺乏政治建设

从整个解体历程来看,该组织解体的另一个重要原因是缺乏政治建设。确切来讲,是没有实现领导权力的有序交接和组织的稳定发展。2019年该组织"非常民主"的全国代表大会选举产生了多元化的新领导层,而旧领导层因为破坏内部监察制度被边缘化。

旧领导层的突然"陨落"也与创始成员专权有关。该组织"上一次指导委员会的领导选举是在1983年"③,距2019年已经36年。也就是说,它的领导成员长期没有更替,老化严重,在年轻成员当中没有领导力和影响力。

另外,由于前领导层"过分重视校园工作","没有建立起工人武装和工人阶级先锋队,因此组织上的领导就变成了表面上的领导"④。组织高层也没有有意识地培养接班人,且对有色人种存在偏见,对新生力量的提拔"迫于急需才搞",导致(非裔)年

---

① Political Committee of the Socialist Equality Party (US), "Factional Provocation, Middle-class Hysteria, and the Collapse of the International Socialist Organization", WSWS, (April 02, 2019), https://www.wsws.org/en/articles/2019/04/02/inte-a02.html.

② Political Committee of the Socialist Equality Party (US), "Factional Provocation, Middle-class Hysteria, and the Collapse of the International Socialist Organization", WSWS, (April 02, 2019), https://www.wsws.org/en/articles/2019/04/02/inte-a02.html.

③ "Inside the International Socialist Organization's Dissolution After a Rape Cover-Up", (April 12, 2019) https://medium.com/@isoleakss/inside-the-international-socialist-organizations-dissolution-after-a-rape-cover-up-b954e354143.

④ Paul Le Blanc, "Why I'm Joining the US International Socialist Organization: Intensifying the Struggle for Social Change", (July 14, 2019), http://links.org.au/node/1323.

轻干部长期未能获得重用，颇有怨言且急于掌权。加之高层没有加强对接班人的政治考察，吸纳了政治立场不坚定且没有"接受过马克思主义理论教育"①的领导成员，（有的同志尽管参与了"马克思主义教育，但没有认真对待马克思主义"），这也使得2019年指导委员会有2/3的成员都是"缺乏经验，容易被操纵的新手"②。这些"新手"大多未担任过领导职务且不考虑组织的意识形态偏向，这使得他们在面对组织变革时走向了机会主义，使组织解体。

三　民主党的融合与打压

很多人会疑问，既然新任领导层掌握了领导权力，那么他们为什么还要去推动它解体呢？这不符合常理。美国社会主义平等党政治委员会给出了解释，那就是民主党的融合、打压。在2020年总统大选临近之时，美国民主党施压内部"民主社会主义者"③ 争取左翼力量的选票或者整合美国潜在左翼反对派④。"美国民主社会主义者是民主党的一个派系，他们支持参议员伯尼·桑德斯总统竞选，并一直在努力将美国国际社会主义组织纳入其政治联盟"⑤。不过这违背了该组织的政治策略——取代民主党并打破美国两党

①　Political Committee of the Socialist Equality Party（US），"Factional Provocation，Middle-class Hysteria，and the Collapse of the International Socialist Organization"，WSWS，（April 02，2019），https：//www. wsws. org/en/articles/2019/04/02/inte-a02. html.

②　Political Committee of the Socialist Equality Party（US），"Factional Provocation，Middle-class Hysteria，and the Collapse of the International Socialist Organization"，WSWS，（April 02，2019），https：//www. wsws. org/en/articles/2019/04/02/inte-a02. html.

③　美国民主党党员桑德斯、亚历山大奥·卡西奥 – 科迪斯（Alexandria Ocasio-Cortez）都是美国民主社会主义组织的成员。

④　Political Committee of the Socialist Equality Party（US），"Factional Provocation，Middle-class Hysteria，and the Collapse of the International Socialist Organization"，WSWS，（April 02，2019），https：//www. wsws. org/en/articles/2019/04/02/inte-a02. html.

⑤　Political Committee of the Socialist Equality Party（US），"Factional Provocation，Middle-class Hysteria，and the Collapse of the International Socialist Organization"，WSWS，（April 02，2019），https：//www. wsws. org/en/articles/2019/04/02/inte-a02. html.

政制。

既然不能将其拉拢融合,民主党就只能利用其内部亲民主党的派系将其解散①。美国国际社会主义组织内部机会主义者十分乐意接受民主党的"糖衣炮弹",企图牺牲集体利益换取个人利益。2019年美国国际社会主义组织全国代表大会上,新任领导成员对美国民主社会主义组织成员亚历山大·奥卡西奥-科迪斯(Alexandria Ocasio-Cortez)当选国会议员的影响进行了充分讨论。他们认为,亚历山大·奥卡西奥-科迪斯在民主党内的地位提升,使其有可能掌握重要权力,如果融入美国民主社会主义组织,他们将获得一定的好处。

美国民主党抓住了美国国际社会主义组织右派的心理,借2019年全国代表大会,拉拢其机会主义者,解散了该组织。美国"国际社会主义组织新任领导层对创始成员的清算有效地消除了右派融入民主党的政治障碍"②,而那些右派,特别是支持桑德斯竞选的右派则"用遮遮掩掩的方式庆祝了美国国际社会主义组织的崩溃,并将其垮台归因于民主集中制的内在缺陷";他们相信"阶级斗争策略在美国已经过时,……只有通过选举才能获得执政权力,社会主义力量只有通过选举才能获得合法性"③。

四 宗派主义与机会主义

导致美国国际社会主义组织解体的另外两个重要原因是宗派

---

① Political Committee of the Socialist Equality Party (US), "Factional Provocation, Middle-class Hysteria, and the Collapse of the International Socialist Organization", WSWS, (April 02, 2019), https://www.wsws.org/en/articles/2019/04/02/inte-a02.html.

② Political Committee of the Socialist Equality Party (US), "Factional Provocation, Middle-class Hysteria, and the Collapse of the International Socialist Organization", WSWS, (April 02, 2019), https://www.wsws.org/en/articles/2019/04/02/inte-a02.html.

③ Juan Cruz Ferre, "We Need More Leninism, Not Less", *Left Voice*, (May 04, 2019), https://www.leftvoice.org/we-need-more-leninism-not-less.

主义和机会主义。宗派主义是美国国际社会主义组织难以克服的缺陷，1977 年它产生于宗派主义，2019 年也终结于派系斗争。虽然美国国际社会主义组织在学术期刊、学术会议或者报纸中批判其他左翼组织的宗派主义，但它没能有效借鉴他人的经验，推动自我完善。

　　有的美国左翼组织也认为是宗派主义引发的派系斗争导致了该组织的解体。第四国际国际委员会指出，美国国际社会主义组织陷入解体危机的原因是其内部"派系斗争"，2013 年性侵处理不当事件只是新任指导委员会成员的"借口"①，主张解散的新任领导人最后走向了机会主义，站在了民主党一边②。

　　美国社会主义平等党政治委员会（The Political Committee of the Socialist Equality Party，US）进一步解释道，"全国代表大会召开一个多月之后，美国国际社会主义组织在派系斗争下崩溃"③，"长期掌权的前领导人被恶意清洗，……新的领导层'制定了一个解散美国国际社会主义组织的程序'"④。内部左右派系斗争的确是推动组织解体的关键。面对民主党的利益诱惑，左派坚持取代民主党进行社会主义斗争的政治原则，而右派则主张接受现实利益，妥协发展。特别是右派的工会官僚，比如美国国际社会主义组织创建的芝加哥教师联盟的工会主席杰西·沙基（Jesse Shar-

① David Walsh，"Leaders of Dissolved International Socialist Organization Openly Embrace Democratic Party Politics"，WSWS，（04 Jun 2019），https：//www.wsws.org/en/articles/2019/06/24/isdp-j22.html.

② David Walsh，"Leaders of Dissolved International Socialist Organization Openly Embrace Democratic Party Politics"，WSWS，（04 Jun 2019），https：//www.wsws.org/en/articles/2019/06/24/isdp-j22.html.

③ Political Committee of the Socialist Equality Party（US），"Factional Provocation, Middle-class Hysteria, and the Collapse of the International Socialist Organization"，WSWS，（April 02, 2019），https：//www.wsws.org/en/articles/2019/04/02/inte-a02.html.

④ Political Committee of the Socialist Equality Party（US），"Factional Provocation, Middle-class Hysteria, and the Collapse of the International Socialist Organization"，WSWS，（April 02, 2019），https：//www.wsws.org/en/articles/2019/04/02/inte-a02.html.

key）就希望摆脱组织的约束，与芝加哥民主党合作，成为芝加哥市长的重要伙伴，并支持桑德斯竞选。可是，右派的机会主义者并没有意识到桑德斯并不是真正的社会主义者，而民主社会主义也不过是资产阶级社会主义。派系斗争最终促使右派炮制了针对前领导层的性侵处理不当材料，并成功夺权，占据了组织最高领导机构——指导委员会超 2/3 的职位。派系斗争对组织的发展是最为致命的，正如国际共运历史文献所指出的那样，"派系斗争和大部分钩心斗角"，使"他们把共产主义运动的实际需要，……都抛在脑后"，这只会让敌人得逞，使组织在群众中的影响降到最低点①。

在宗派主义的斗争中，我们也看了组织内部的机会主义。机会主义是推动美国国际社会主义组织解体的根本原因，没有机会主义就不会有组织内部的派系斗争，也不会有新任领导为获取私利而对政治原则的抛弃及对民主党的妥协。"如果工人阶级忘记了自己解放的目的，同雇佣奴隶制妥协，为了使自己的奴隶地位得到虚假的'改善'，只顾一会儿同这个资产阶级政党联合，一会儿又同另一个资产阶级政党联合，那末，就连工人阶级也可能奉行资产阶级政策"②。应当认识到民主党的改良，只是资本主义社会的"安全阀"，它没有改变资本主义剥削这一事实。美国民主党无论进行多少次改良，都无法将资本主义转变为社会主义。民主党通过推选桑德斯打出民主社会主义的旗号不过是引导工人的政治表达，为其选举政治服务，最小程度地破坏资本主义制度，最大程度上压制美国的激进运动。金融危机后美国社会主义的确走向了复兴，但美国资产阶级政府对社会主义的"围剿"，不管是公开的还是隐蔽的，都为美国左翼施加了压力。正因为如此，美国左翼政党和工人阶级应当抛弃对民主党的幻想，避免走

---

① 《国际共产主义运动历史文献》第 47 卷，中央编译出版社 2013 年版，第 194 页。

② 《列宁全集》第 22 卷，人民出版社 2017 年版，第 251 页。

向机会主义。正如罗莎·卢森堡所说"机会主义同社会主义也是根本不能相容的，它的内在的趋势是要把工人运动赶到资产阶级的旗帜下去，就是使无产阶级的阶级斗争完全麻痹"①。遗憾的是，美国国际社会主义组织作为"革命马克思主义的堡垒"，在和美国民主社会主义组织的合作中，一直在"适应机会主义和改良主义，很少围绕革命立场进行斗争"②，这是它失败的根本原因。

第四节　组织消亡对美国左翼的启示

美国国际社会主义组织虽然已经解体，但隐藏在它解体背后的因素为美国左翼的发展提供了重要启示。

一　加强政治建设

1. 杜绝官僚主义

虽然美国国际社会主义组织前领导成员性侵处理不当事件存在许多疑点，但不能排除这一事件真实存在的可能性。如果原领导成员的确干预了纪律监察机关的调查，妨碍公平公正，那就破坏了民主集中制度，犯了官僚主义错误。新领导层批评了老领导层的官僚主义作风，但是自身不经调查，不讲依据就根据举报文件处理、清算的行为仍然是官僚主义做派。为了组织的长远发展，美国左翼应杜绝官僚主义。

2. 严防宗派主义和机会主义

宗派主义与机会主义对美国国际社会主义组织的发展造成了致命打击。首先，宗派主义损害了少数服从多数，局部服从整

---

① ［德］罗莎·卢森堡：《社会改良还是社会革命？》，三联书店 1958 年版，第 67 页。

② Paul Le Blanc，"What Happened to the International Socialism Organization"，URPE，（May 26，2019），https：//urpe.org/2019/05/26/what-happened-to-the-international-socialist-organization/.

体,少数利益服从全局利益的民主集中制度,使组织向个人主义、利己主义、拉拢排挤的方向发展。一切宗派主义思想,都与实际革命需要不相符合,它会导致派系斗争,使成员分裂,并忽视社会主义的任务和外部威胁。其次,该组织的机会主义实质是阶级投降主义,是反对社会主义,引导工人阶级为资产阶级私利服务的主义。组织内部的机会主义者是资产阶级的代理人,它使民主社会主义乘虚而入,葬送了组织的大好前途。马克思主义者是同宗派主义、机会主义的斗争中发展起来的,美国左翼应当坚持马克思主义立场,坚决与宗派主义、机会主义做斗争,推动组织长远发展。

3. 树立领导权威

美国国际社会主义组织的解体与其领导层失去领导力,无法在组织面临危机通过权威凝聚力量引领组织平稳发展有关。没有领导的权威,就没有一致的行动;没有领导权威,组织就会一盘散沙。问题要靠权威来解决,在崇尚自由民主的社会,美国左翼也应当注重培养坚强的领导层并树立权威,避免陷入无秩序的混乱之中。

4. 培养组织接班人

美国国际社会主义组织的消亡很大程度上与其选举的不稳定的领导层有关。当然,组织接班人政治素养不高,政治经验不足,马克思主义、社会主义理论水平不高也是影响组织解体的重要因素。实际上,无产阶级革命家历来重视接班人的培养问题,但美国国际社会主义组织并不注重年轻成员的培养,尽管组织的老领导层平均年龄已经80岁。如果美国左翼要想长远发展,就应当培养组织的接班人,加强思想政治教育,提高其理论与政治素养。

二 坚守政治底线

美国国际社会主义组织的失败也在于内部机会主义者丧失了政治底线,拿组织的政治原则与民主党做交易。美国左翼应当吸取教训,坚守政治底线,亦即坚持正确的政治方向和政治立场。

1. 政治方向是衡量美国左翼为谁谋利，为谁服务的根本标志

美国左翼能否坚持正确的政治方向，关系到美国社会主义的兴衰成败。马克思主义的政治方向是带领工人阶级实现社会主义、共产主义。美国国际社会主义组织的政治目标则是取代民主党，与共和党斗争，发展美国社会主义。它的一些成员在艰苦的环境里没有放弃自己的方向，却在发展壮大走上了改旗易帜的邪路。美国左翼政治组织应当吸取教训，坚持正确的政治方向，推动社会主义发展。

2. 政治立场是处理政治问题所持的态度

马克思主义的政治立场带有明确的政治性和阶级性，就是要在社会主义运动中为绝大多数的工人阶级谋利益，并始终代表他们的利益。美国左翼应当站在马克思主义的立场上，反对资本剥削，维护工人阶级利益。美国左翼应当避免政治立场错位，异化为资产阶级的代言人，或者在"价值中立"的诱导下放弃阶级斗争理论、群众路线工作方法。另外，美国左翼还应避免以资产阶级社会主义的政治立场来理解美国社会主义的发展，美国左翼发展社会主义要坚持马克思主义的政治观点，从历史唯物主义、剩余价值学说这"两大发现"理解美国社会矛盾及发展前途。

三　警惕民主党的融合与背叛

美国许多左翼组织的消亡都与美国民主党的融合稀释背叛有关。正是这个原因，美国民主党被称为美国社会运动的坟墓。美国民主党曾多次巧妙地消解了激进运动对资本主义及两党制的挑战，其机理与美国民主党融合稀释美国国际社会主义组织的方法相似，美国左翼应当对此保持警惕。

1. 美国左翼不仅要关注美国政府镇压的"大棒"，还要留意民主党"胡萝卜"政策控制左翼的办法

美国民主党具有较强的灵活性，它不仅善于借鉴社会主义思

想,而且能够制订计划吸收抗议,迫使民众做出"两害相较取其轻"的选择。20世纪以来,民主党就试图将自己扮演成左翼的代表,用社会改良替代社会革命,并抑制可能威胁两党制的第三党产生。他们集中精力控制所有的政治团体,约束"不守规矩"的左翼,并消解左翼运动。

2. 民主党存在背叛美国左翼的先例,美国左翼不应当对民主党抱有太多幻想

南北战争时期,民主党为了在南方选举人团中占据优势,不得不寻求人民党的支持。人民党是劳动骑士团和有色农民联盟的代表。1890年民主党南方各州立法机构议员承诺支持人民党铁路公有制提案,并提议为农作物提供贷款资金。可是民主党政治家只乐于接受人民党的选票,却对履行承诺不感兴趣。1892年,人民党总统候选人詹姆斯·韦弗(James Weaver)获得了100多万张选票、22张选举人票,在5个州取得了胜利,即将改变美国两党制使其成为三党制,或者说取代民主党,成为两大党之一。正当人民党高歌猛进要重塑国家政治之时,民主党内"融合主义者"主导了消解人民党的阴谋,使其领导人在政治斗争中衰落。民主党背叛了它的盟友,使人民党沦为民主党的选举机器。人民党总结道:"如果我们和民主党融合,那么我们就沉沦了,但如果不与民主党融合,那么我们的支持者就会离开,成为民主党人";"在美国选举制下,美国两党随时准备派出一个政党来包围具有威胁的大规模的社会运动,在多年的诱导和融合之下,耗尽它的活力,最终巩固这一制度"①。

不难发现,这些历史与民主党融合打压美国国际社会主义组织的细节十分相似。民主党利用民主社会主义对美国国际社会主义组织实施渗透,完成了融合消解任务,又利用美国民主社会主

---

① Lance Selfa, *The Democrats: A Critical History*, Chicago: Haymarket Books, 2019, p. 125.

义组织支持桑德斯参与总统竞选，达到了争取选票的目的。当这些目的达成之时，2020年民主党没有再启用桑德斯作为总统候选人，桑德斯民主社会主义理论也被慢慢地淡化。民主党对左翼的融合机制是如此精妙，以至于美国激进运动、劳工运动、社会主义运动在兴盛一段之间后都逐步走向了消亡，美国左翼应当对此保持警惕，实现平稳致远的发展。

四　加强美国左翼组织的团结

虽然美国左翼政治组织众多，但兄弟政党几乎没有。美国左翼之间往往因为坚持不同的政治立场，相互诋毁、拆台，内耗不断，导致联合较少。

从历史上看，美国国际社会主义组织从来没有与美国共产党、美国社会党展开过合作，即使曾与美国民主社会主义组织"亲密无间"，但这也使得自身的政治立场、对待民主党及资产阶级候选人的态度变得越来越模糊，"让许多干部和成员流失到了美国民主社会主义组织"①。由于缺乏与美国其他左翼的真正团结，最终导致美国国际社会主义组织在变革和面临危机时孤立无援。

正是在美国资产阶级政党力量仍然强大的情况下，美国左翼仍有必要加强团结，建立统一战线，结束美国左翼四分五裂的局面，寻找发展美国社会主义的最大公约数。

---

① Juan Cruz Ferre, "We Need More Leninism, Not Less", *Left Voice*, (May 04, 2019), https://www.leftvoice.org/we-need-more-leninism-not-less.

第 三 章

美国国际社会主义组织的
理论主张

美国国际社会主义组织虽然已经解体，但这并不妨碍我们对它的理论作进一步的分析。经过几十年的发展，美国国际社会主义组织的理论家已经构建了一套系统的理论体系，以指导组织的运动和实践。这些理论体现了美国国际社会主义组织的世界观和方法论，说明了它在美国实现社会主义的构想和路径。

第一节　选择"社会主义而不是
资本主义"

美国国际社会主义组织认为，贫穷、战争和环境破坏是资本主义剥削制度的产物，在这个制度中，少数统治阶级从多数劳动阶级获益。要改变这一制度，需要推翻资本主义，建立一个基于工人集体拥有并控制财富的社会主义社会。

一　资本主义的本质是剥削

资本主义是以市场为基础，以利润为驱动，以维护资产阶级利益为核心的剥削制度。这种制度由来已久，以至于大多数人对它的规则已经习以为常，"就像月球绕地球公转一样"①。

（一）资本主义是资产阶级对工人阶级的剥削

资本主义国家政权通过雇佣制度、暴力机器以及"思想和物质的力量"维持资本对劳动的剥削②，并且使"社会分化为支配剩余劳动产品的统治阶级和生产剩余产品的工人阶级"③。这种剥削以及"资本与劳动力之间的不平等交换"被"劳动力工资"掩盖。但贫苦大众为了谋生，不得不"把他们的劳动力作为商品卖给生产资料所有者"④，任由资产阶级剥削。美国国际社会主义组织坚信资本主义的本质是一种剥削制度，"资本主义在人类某个历史时刻产生，也会像其他社会体系一样在某个时刻灭亡"⑤。

（二）资本主义剥削使少数人富足多数人贫困

美国国际社会主义组织认为，"资本主义是以大多数人的贫困为条件的"⑥。虽然资本主义是一个极其富有的生产体系，但它依然带来了"十分荒谬"的贫困。合理使用资本主义创造的财富，本可以为每个人提供充足的食物、住所、教育和卫生设施，

---

① Paul D'Amato, "Where We Stand", ISO Education Department. (Nov. 12, 2017), https：//www. internationalsocialist. org/wp-content/uploads/2017/12/Where-We-Stand-Nov2017. pdf. p. 4.

② Paul D'Amato, "Where We Stand", ISO Education Department. (Nov. 12, 2017), https：//www. internationalsocialist. org/wp-content/uploads/2017/12/Where-We-Stand-Nov2017. pdf. p. 4.

③ Paul D'Amato, "Where We Stand", ISO Education Department. (Nov. 12, 2017), https：//www. internationalsocialist. org/wp-content/uploads/2017/12/Where-We-Stand-Nov2017. pdf. p. 4.

④ Paul D'Amato, "Where We Stand", ISO Education Department. (Nov. 12, 2017), https：//www. internationalsocialist. org/wp-content/uploads/2017/12/Where-We-Stand-Nov2017. pdf. p. 4.

⑤ Paul D'Amato, "Where We Stand", ISO Education Department. (Nov. 12, 2017), https：//www. internationalsocialist. org/wp-content/uploads/2017/12/Where-We-Stand-Nov2017. pdf. p. 4.

⑥ Paul D'Amato, "Where We Stand", ISO Education Department. (Nov. 12, 2017), https：//www. internationalsocialist. org/wp-content/uploads/2017/12/Where-We-Stand-Nov2017. pdf. p. 4.

但资本主义创造的巨大财富并没有流向大多数生产者，多数人仍处于贫困状态。根据联合国数据，资本主义发展带来最令人厌恶的结果是，每年有600万儿童死于与饥饿有关的疾病。尽管生产出来的粮食足以让每个人都有像样的饮食，但在世界范围内，还有超过10亿人挣扎在饥饿边缘①。资本主义提高生产效率，使剩余产品极大丰富，这在一个以人类需求为基础的社会，本来值得庆贺，但它却经常导致经济危机，引发人们对"过度富足"的恐慌。"经济危机中，商品腐烂，工厂闲置，需要生活资料和工作的工人阶级面临失业、贫困和毁灭。"② 美国国际社会主义组织强调，经济危机是资本主义市场无计划、无政府主义的产物。每次危机都会导致"大鱼吃掉小鱼"的资本融合。"最明显的就是资本的集中、再集中，越来越大的跨国集团控制着越来越多的财富。"③ 这些跨国公司的业务遍及全球，雇佣了数亿人。然而，一旦生产过剩，那些为了适应资本主义发展从农村迁往城市的大量工人就不得不面临失业，陷入贫困。资本主义带来了强大的生产力，但在生产过剩和经济危机下，最终受益的仍然是少数，贫苦的还是劳动大众。

（三）美国通过军事霸权扩大资本剥削

为了扩大剥削，资本主义强国在军事上相互竞争，以争夺对世界市场和资源的控制权。"最强大的国家，如美国，建造巨大

---

① Paul D'Amato, "Where We Stand", ISO Education Department. （Nov. 12, 2017）, https：//www. internationalsocialist. org/wp-content/uploads/2017/12/Where-We-Stand-Nov2017. pdf. p. 4.

② Paul D'Amato, "Where We Stand", ISO Education Department. （Nov. 12, 2017）, https：//www. internationalsocialist. org/wp-content/uploads/2017/12/Where-We-Stand-Nov2017. pdf. pp. 4 – 5.

③ Paul D'Amato, "Where We Stand", ISO Education Department. （Nov. 12, 2017）, https：//www. internationalsocialist. org/wp-content/uploads/2017/12/Where-We-Stand-Nov2017. pdf. p. 5.

的军事机器，以巩固其对他国的剥削和军事霸权。"① 美国国际社会主义组织认为，"资本主义从来不是一种和平的制度，其武装力量总是被用来提高资本主义集团的剥削能力。随着剥削的增长，其武装力量也在不断增强。"② 战争和征服并非起源于资本主义，但资本主义推动了争夺市场和资源的战争。19 世纪晚期，列强利用欺诈、盗窃和暴力瓜分殖民地，通过"分而治之"、挑拨离间的方式巩固统治。为进一步扩大殖民剥削，获得世界的主导权，相互竞争的民族国家之间产生冲突，导致两次世界大战。"第二次世界大战以来，美国成为世界的主导力量"，以及"暴力的最大供应者"，它通过数百个军事基地，在伊拉克、阿富汗等地维护军事统治③。美国为了巩固资本主义剥削，它还与苏联开展了核军备竞赛，以扩大控制财富的能力，但也制造了毁灭地球的武器，表现出资本主义的非理性。

（四）资本剥削导致了前所未有的环境危机

美国国际社会主义组织认为，二氧化碳排放、沙漠、暴雨洪水、森林火灾、海平面上升、农业用地的破坏以及难以预测的极端天气，都是资本主义无计划生产和资本剥削的结果。"解决这一危机的办法不是回到前工业时代的伊甸园，而是利用已经存在的技术和科学知识解决问题"④，这需要国际合作。但资本家只关

---

① Paul D'Amato, "Where We Stand", ISO Education Department. (Nov. 12, 2017), https://www. internationalsocialist. org/wp-content/uploads/2017/12/Where-We-Stand-Nov2017. pdf. p. 5.

② Paul D'Amato, "Where We Stand", ISO Education Department. (Nov. 12, 2017), https://www. internationalsocialist. org/wp-content/uploads/2017/12/Where-We-Stand-Nov2017. pdf. p. 5.

③ Paul D'Amato, "Where We Stand", ISO Education Department. (Nov. 12, 2017), https://www. internationalsocialist. org/wp-content/uploads/2017/12/Where-We-Stand-Nov2017. pdf. p. 5.

④ Paul D'Amato, "Where We Stand", ISO Education Department. (Nov. 12, 2017), https://www. internationalsocialist. org/wp-content/uploads/2017/12/Where-We-Stand-Nov2017. pdf. p. 5.

心利润，不关心生产对环境的影响。因为资本家极大程度地占有资源，可以通过各种方式避免自身受到环境破坏带来的负面影响。而资本剥削积累导致的资源占有的不平衡，使劳动阶级不能在资本主义社会享受舒适健康的生活，大多数人不得不承受现代资本主义发展带来的消极后果。

总之，美国国际社会主义组织认为，资本主义创造了巨大财富，但是剥削制度下，它并没有消除贫困和饥饿，不仅如此，它还导致了经济危机、世界战争和环境破坏。它的消极后果被占多数的贫困阶级和弱小国家承担，利益被少数资本家和强国占尽。也就是说资本主义的本质是"少数人从多数人中获利"的剥削制度，"制度的不平等只有在制度本身的问题得到克服时才能解决"[1]。

二 社会主义是资本主义的理想替代方案

社会主义是"一个基于工人集体拥有并控制自己劳动所创造财富的社会"[2]。它之所以可以作为资本主义的替代方案主要基于以下几点原因。

(一)资本主义只关心利润而不关注人的基本需要

美国国际社会主义组织指出，我们在不同的抗议活动中看到这样的口号："人高于利润""人不需要企业的贪婪"。这些口号反映了一个基本共识，即资本主义以市场和利润优先的原则存在严重的错误[3]。

---

① Paul D'Amato, "Where We Stand", ISO Education Department. (Nov. 12, 2017), https://www.internationalsocialist.org/wp-content/uploads/2017/12/Where-We-Stand-Nov2017.pdf. p. 5.

② Paul D'Amato, "Where We Stand", ISO Education Department. (Nov. 12, 2017), https://www.internationalsocialist.org/wp-content/uploads/2017/12/Where-We-Stand-Nov2017.pdf. p. 5.

③ Paul D'Amato, "Where We Stand", ISO Education Department. (Nov. 12, 2017), https://www.internationalsocialist.org/wp-content/uploads/2017/12/Where-We-Stand-Nov2017.pdf. p. 5.

在美国，几千万人口没有医疗保险，并且每年有 3700 万人挨饿，因为资本家不可能靠养活饥饿的人获得利润①。因此，美国国际社会主义组织认为，不是资本主义更重视利润而不满足人类的需求，而是资本主义根本就不考虑满足贫困阶级对美好生活的需要。"任何能提高生产力，降低成本，提高利润的东西，对资本家来说都是好的。任何增加成本，降低生产率，削减利润的做法都是错的。"② 资本家从事生产的目的不仅仅是获取利润和盈利，而是关注人类的需要。当农业企业担心"粮食过剩"时，并不是因为世界上每个人都有充足的粮食，而是仅仅考虑到食物能否卖得出去，是否有利可图。即使在食物过剩期间，每年仍有数以百万计的人挨饿，因为供过于求与人类的需要无关。全球 8 亿极端贫困人口对资本来说是无关紧要，美国国际社会主义组织认为这样的资本主义社会并不是人们追求的理想社会③。

（二）社会主义符合人们对理想社会的向往

美国国际社会主义组织认为，在社会主义社会，人与自然和谐相处，并且生产资料由工人阶级共同占有，劳动产品按照社会计划分配；产品生产不以盈利为目的，而主要看它是否符合社会所需。与此同时，生产和分配按照民主制定的计划进行，能够避免经济危机、失业和破产；所有人都能从社会中得到他们所需要的，投入他们所能投入的，直到每个人都有足够的食物、住所、衣服、医疗和交通工具，包括那些年老体弱，无法为社会做出贡

① Paul D'Amato, "Where We Stand", ISO Education Department. （Nov. 12, 2017）, https：//www. internationalsocialist. org/wp-content/uploads/2017/12/Where-We-Stand-Nov2017. pdf. p. 5.

② Paul D'Amato, "Where We Stand", ISO Education Department. （Nov. 12, 2017）, https：//www. internationalsocialist. org/wp-content/uploads/2017/12/Where-We-Stand-Nov2017. pdf. p. 5.

③ Paul D'Amato, "Where We Stand", ISO Education Department. （Nov. 12, 2017）, https：//www. internationalsocialist. org/wp-content/uploads/2017/12/Where-We-Stand-Nov2017. pdf. p. 5.

献或照顾自己的人。此外,社会主义社会的盈余不会作为利润流向少数人,而是作为公共资金用于提高社会福祉。社会生产和分配不再依赖市场的盲目力量,而是深思熟虑的条件下进行。社会将不再需要国家来代表少数剥削阶级来压迫人民,社会群体之间的剥削机制被消除,性别之间的对立也会消失。① 美国国际社会主义组织认为,这样的社会就是社会主义社会,符合人们对幸福生活、美好生活的设定。

(三) 社会主义实现了从空想到科学的发展

美国国际社会主义组织坚持社会主义不仅是因为社会主义是资本主义的理想替代方案,而且它还实现了从空想到科学的发展,具有可行性和可实现性。几个世纪以来,人们一直憧憬着社会主义和共产主义。15 世纪,波西米亚的一个宗教派别,塔博尔(Taborites)就宣扬共享消费的共产主义:地球上没有国王、统治者或臣民,所有赋税都将停止;任何人不得强迫他人做任何事,所有人都将是平等的兄弟姐妹②。随着工业资本主义的发展,人类社会又出现了空想社会主义。他们批判资本主义的弊端,但只能提供一个乌托邦式的社会主义蓝图;他们认为社会主义是一个美好、公正的世界愿景,但不明白要实现它,需要联合起来的无产阶级作为支撑③。美国国际社会主义组织认为,现代社会主义运动的最杰出的理论家马克思和恩格斯使社会主义从空想变为了科学。他们证明社会主义已经不再是某个天才头脑的偶然发现,

---

① 参阅 Paul D'Amato, "Where We Stand", ISO Education Department. (Nov. 12, 2017), https://www. internationalsocialist. org/wp-content/uploads/2017/12/Where-We-Stand-Nov2017. pdf. p. 6。

② 参阅 Paul D'Amato, "Where We Stand", ISO Education Department. (Nov. 12, 2017), https://www. internationalsocialist. org/wp-content/uploads/2017/12/Where-We-Stand-Nov2017. pdf. p. 6。

③ 参阅 Paul D'Amato, "Where We Stand", ISO Education Department. (Nov. 12, 2017), https://www. internationalsocialist. org/wp-content/uploads/2017/12/Where-We-Stand-Nov2017. pdf. p. 6。

而是无产阶级和资产阶级斗争的必然产物①。美国国际社会主义组织要做的就是在美国推动阶级斗争往前发展,将社会主义立于现实的革命之上。

三 实现社会主义要站在"巨人的肩膀上"

美国国际社会主义组织认为,要实现社会主义必须坚持马克思主义"传统",站在马克思主义巨人的肩膀上;必须熟悉经典作家理论,分清哪些是马克思主义,哪些不是马克思主义。

(一)马克思、恩格斯、卢森堡、列宁是对社会主义理论与实践做出重要贡献的伟人,发展社会主义必须认识他们的理论

美国国际社会主义组织认为,马克思主义是由马克思和恩格斯共同创立,并由列宁、卢森堡继承发展的,但这不是说这些先贤是社会主义运动史上唯一重要的马克思主义者,也不是说我们要把个人的作用凌驾于普通工人和被压迫人民的集体斗争之上②。相反,"马克思主义"每一项重要的理论进步,都是建立在理论家的不断探索和阶级斗争的基础之上的。每一位伟大的马克思主义者,以及成千上万的不知名的运动家、理论家都为马克思主义及社会主义的发展留下了不可磨灭的印记。

美国国际社会主义组织坚持把马克思、恩格斯、卢森堡、列宁作为马克思主义的"巨人"。其认为,(1)马克思第一个系统地分析了资本主义经济的特点,描述了社会主义成为现实的历史

---

① 参阅 Paul D'Amato, "Where We Stand", ISO Education Department. (Nov. 12, 2017), https://www. internationalsocialist. org/wp-content/uploads/2017/12/Where-We-Stand-Nov2017. pdf. p. 6。见《马克思恩格斯文集》(第3卷),人民出版社2009年版,第544页。

② Paul D'Amato, "Where We Stand", ISO Education Department. (Nov. 12, 2017), https://www. internationalsocialist. org/wp-content/uploads/2017/12/Where-We-Stand-Nov2017. pdf. p. 7.

条件（富裕的物质条件和联合起来的劳动阶级）①。马克思和恩格斯第一次把社会主义建立在科学基础之上，而以前的社会主义者只是在自己的头脑中编织社会主义乌托邦。马克思、恩格斯提出了"工人阶级自我解放"的路径：不依靠个人或少数群体的开明行动，而是通过大多数无产阶级发动革命扫除旧秩序。（2）列宁是"第一个建立社会主义国家的马克思主义者"②。他恢复了马克思、恩格斯的国家理论，认为国家是阶级对立的产物，当阶级被废除时，国家就会消失。他还阐释了社会主义与反帝斗争、民族解放之间的关系，为社会主义从一国到多国的发展做出贡献③。（3）罗莎·卢森堡是马克思主义革命理论的捍卫者，当第二国际领导人把社会主义政党变成渐进式改良主义的工具时，她却始终坚持革命。她借鉴了1905年俄国革命的经验，发展了群众罢工理论，推动社会主义发展。美国国际社会主义组织强调，实现社会主义，必须认真学习杰出马克思主义者的理论，并用于实践。

（二）社会主义理论与实践需要认识到"马克思主义不是什么"

美国国际社会主义组织认为，现在对马克思主义的"歪曲已经堆积得如此之高，以致真正的马克思主义被埋在垃圾堆下面。现在有那么多持截然相反观点的人自称是马克思主义者，以至于

---

① Paul D'Amato, "Where We Stand", ISO Education Department. (Nov. 12, 2017), https：//www. internationalsocialist. org/wp-content/uploads/2017/12/Where-We-Stand-Nov2017. pdf. p. 7.

② Paul D'Amato, "Where We Stand", ISO Education Department. (Nov. 12, 2017), https：//www. internationalsocialist. org/wp-content/uploads/2017/12/Where-We-Stand-Nov2017. pdf. p. 7.

③ Paul D'Amato, "Where We Stand", ISO Education Department. (Nov. 12, 2017), https：//www. internationalsocialist. org/wp-content/uploads/2017/12/Where-We-Stand-Nov2017. pdf. p. 7.

这个术语几乎变得毫无意义"①。因此，为了认识什么是马克思主义，也需要从理解"什么不是马克思主义入手"②。

为了与修正主义划清界限，美国国际社会主义组织一直强调阶级斗争的必要性，并认为放弃阶级斗争的不是马克思主义。正如马克思、恩格斯所说，"我们一贯强调阶级斗争，认为它是历史的直接动力，特别是一贯强调资产阶级和无产阶级之间的阶级斗争，认为它是现代社会变革的巨大杠杆；所以我们决不能和那些想把这个阶级斗争从运动中勾销的人们一道走"③。美国国际社会主义组织指出，为了败坏马克思主义，资本主义的辩护者可能会说，阶级斗争会导致革命，而革命会导致暴政。历史上有许多这样歪曲马克思主义的例子，试图削弱阶级斗争的合法性。必须明白，那些放弃阶级斗争不是马克思主义，"工人阶级的解放不能依靠中上阶级的慈善，而只能依靠自己发起的阶级斗争实现"④。就是说，"只有通过一场阶级革命才能使工人阶级成功地摆脱一切污浊和枷锁，重建社会"⑤。

总之，美国国际社会主义组织认清了资本主义社会的弊端，认识到资本主义的本质是少数对多数的剥削，社会主义才是人类

① Paul D'Amato, "Where We Stand", ISO Education Department. （Nov. 12, 2017）, https：//www. internationalsocialist. org/wp-content/uploads/2017/12/Where-We-Stand-Nov2017. pdf. p. 7.

② Paul D'Amato, "Where We Stand", ISO Education Department. （Nov. 12, 2017）, https：//www. internationalsocialist. org/wp-content/uploads/2017/12/Where-We-Stand-Nov2017. pdf. p. 7.

③ Paul D'Amato, "Where We Stand", ISO Education Department. （Nov. 12, 2017）, https：//www. internationalsocialist. org/wp-content/uploads/2017/12/Where-We-Stand-Nov2017. pdf. p. 7. 见《马克思恩格斯文集》（第 3 卷），人民出版社 2009 年版，第 484 页。

④ 参阅 Paul D'Amato, "Where We Stand", ISO Education Department. （Nov. 12, 2017）, https：//www. internationalsocialist. org/wp-content/uploads/2017/12/Where-We-Stand-Nov2017. pdf. p. 8。

⑤ 参阅 Paul D'Amato, "Where We Stand", ISO Education Department. （Nov. 12, 2017）, https：//www. internationalsocialist. org/wp-content/uploads/2017/12/Where-We-Stand-Nov2017. pdf. p. 8。

解放的最终方案。而实现社会主义不仅需要依靠工人阶级站在马克思主义巨人的肩膀上，还需要工人阶级坚持社会革命和阶级斗争推动这一进程。

第二节　依靠工人及工会对抗资本主义

工人阶级是社会的绝大多数，是社会主义运动的关键。工人作为生产体系中的核心，能够与资本主义体系对抗[①]。而工会也可以将工人联合起来对抗资本主义，但美国国际社会主义组织认为美国工会存在局限性，这要求美国工人必须建立起独立于工会的政治组织，更好地维护本阶级利益。

一　工人阶级是推翻资本主义的中坚力量

（一）资本主义造就了最具革命性的工人

美国国际社会主义组织认为，虽然工人出卖劳动力商品，但不能控制劳动性质和劳动环境，并且与劳动成果分离，工作只是他们谋生的手段，而不是目的。与此同时，工人遭受最残酷的剥削压迫，因而成为最具革命性的群体[②]。

美国国际社会主义组织强调"在资本主义民主国家，工作领域是最彻底的专制主义"[③]。在资本主义制度下，生产率的提高没有减少工人劳动时间，相反，这加剧了劳动者的负担。而节省劳

---

① 参阅 Paul D'Amato, "Where We Stand", ISO Education Department. （Nov. 12, 2017）, https：//www. internationalsocialist. org/wp-content/uploads/2017/12/Where-We-Stand-Nov2017. pdf. p. 8。

② Paul D'Amato, "Where We Stand", ISO Education Department. （Nov. 12, 2017）, https：//www. internationalsocialist. org/wp-content/uploads/2017/12/Where-We-Stand-Nov2017. pdf. p. 8.

③ Paul D'Amato, "Where We Stand", ISO Education Department. （Nov. 12, 2017）, https：//www. internationalsocialist. org/wp-content/uploads/2017/12/Where-We-Stand-Nov2017. pdf. p. 9.

动力的设备成为扩大劳动剥削的一种手段，以及进一步将工人奴役于机器、装配线和时钟的工具①。正如马克思在《资本论》中提到的："在资本主义制度内部，一切提高社会劳动生产力的方法都是靠牺牲工人个人实现的；一切发展生产的手段都转变为统治和剥削生产者的手段，……这些手段使工人的劳动条件变得恶劣，使工人在劳动过程中屈服于最卑鄙的可恶的专制。"② 就是说，在资产阶级以及生产工具这种"死劳动力形成了对活劳动力"的专制统治以后③，工人最有可能成为反对资本主义的阶级。

（二）工人阶级是推翻资本主义的中坚力量

在资本主义工业把成千上万的工人从农村驱赶到城市以后，社会逐步分化为掌握生产资料的资产阶级少数和靠出卖劳动力生存的工人阶级多数。这些占多数的工人阶级不仅要为自己的生存手段负责，而且要为占统治地位的资产阶级创造剩余。虽然在雇佣劳动制度下，这些工人阶级处于弱势地位，然而当他们集中在工业大城市之时，就意识到了自己的力量④。

美国国际社会主义组织认为，随着工人集中到难以想象的程度，工人阶级的力量也会比以往任何时候都要大。不仅是因为工人阶级是绝大多数，而且还由于没有工人阶级的辛勤付出就没有资本主义系统的顺利运转。虽然资本主义可以利用市场竞争及语

---

① Paul D'Amato，"Where We Stand"，ISO Education Department.（Nov. 12，2017），https：//www. internationalsocialist. org/wp-content/uploads/2017/12/Where-We-Stand-Nov2017. pdf. p. 9.

② Paul D'Amato，"Where We Stand"，ISO Education Department.（Nov. 12，2017），https：//www. internationalsocialist. org/wp-content/uploads/2017/12/Where-We-Stand-Nov2017. pdf. p. 9. 见《马克思恩格斯文集》（第5卷），人民出版社2009年版，第743页。

③ Paul D'Amato，"Where We Stand"，ISO Education Department.（Nov. 12，2017），https：//www. internationalsocialist. org/wp-content/uploads/2017/12/Where-We-Stand-Nov2017. pdf. p. 9. 见《马克思恩格斯文集》（第5卷），人民出版社2009年版，第487页。

④ Paul D'Amato，"Where We Stand"，ISO Education Department.（Nov. 12，2017），https：//www. internationalsocialist. org/wp-content/uploads/2017/12/Where-We-Stand-Nov2017. pdf. p. 10.

言、种族、性别等差异分化工人，但资本主义的剥削和工业生产的集中也使占绝大多数的工人阶级可以克服这些差异团结起来。只要占多数的工人阶级联合起来，就足以炸毁资本主义社会的整个上层，成为推翻资本主义的关键阶级和中坚力量①。

（三）推翻资本主义需要工人阶级的联合

资本主义虽然造就了最具革命性的阶级，但如果他们不联合起来，也无法推翻资本主义。因此，推翻资本主义必然要求工人阶级的联合。美国国际社会主义组织认为，工业社会以前的工作条件不允许农民作为一个集体团结起来，有意识地改造社会。在那之前，奴隶、农民可以反抗、推翻暴君，但他们无法建立新的社会关系。农民"生活在一个原子化的群体中，强调自给自足、独立自主，不像工人那样挤在一起，在社会斗争最激烈的时候同时承受资本家的压力"②。而资本主义社会下的工人阶级聚集在大城市被迫从事集体工作，他们能够感知自身条件并形成阶级意识③。如果具有阶级意识的工人联合起来，就有机会推翻资本主义走向社会主义。

工人阶级的联合不仅是为了对抗资本主义，它的另一个目的则是为了更好地管理社会主义社会。社会主义是工人阶级的联合体，在这样的联合体中，工人可以集体掌握财富，根据人类的需要而不是利润来民主地规划生产和分配。工人阶级可以通过联合实现对资本主义的控制，不仅是对资本主义利润的控制，而且是对资

---

① Paul D'Amato, "Where We Stand", ISO Education Department. （Nov. 12, 2017）, https://www. internationalsocialist. org/wp-content/uploads/2017/12/Where-We-Stand-Nov2017. pdf. p. 10.

② Paul D'Amato, "Where We Stand", ISO Education Department. （Nov. 12, 2017）, https://www. internationalsocialist. org/wp-content/uploads/2017/12/Where-We-Stand-Nov2017. pdf. p. 10.

③ Paul D'Amato, "Where We Stand", ISO Education Department. （Nov. 12, 2017）, https://www. internationalsocialist. org/wp-content/uploads/2017/12/Where-We-Stand-Nov2017. pdf. p. 10.

本主义财富的控制。在社会主义社会，需要工人阶级联合起来把生产资料作为一个整体来接管并重新组织，积极争夺工作场所的控制权，推动生产社会化，将产品转变为全体人民的财产。就是说，只有联合起来的工人阶级作出这一努力，才能彻底推翻资本主义，实现社会主义，并扭转以利润为主导的市场秩序。总之，社会主义不仅仅是对"世界应该是什么样子"的认识，还应该是工人阶级运动的产物。工人阶级在反对资本主义的阵营中占据主导地位，只有当他们联合起来的时候才能创造新的社会制度①。

二　发动工人罢工使"资本主义系统停止"

除了工人阶级的联合之外，工人还要善于利用罢工作为对抗资本主义的武器。美国国际社会主义组织认为，"没有工人的大脑和肌肉，资本主义的一个轮子都不会转动"②；如果工人集体罢工，那么资本主义就将陷入瘫痪。

"工人的每一次罢工都提醒资本家，社会的真正主人是工人，而不是资本家。"③（1）罢工给予工人自信，它向资本家表明，他们能够对压迫做出反应。罢工教会工人如何战斗，何时撤退，如何在与资本家的较量中衡量自己的实力。（2）罢工也让工人了解到资本主义国家机器的本质。资产阶级利用国家机器对付罢工者，工人们切身体会到法律是为富人制定的，而不是为自己。（3）罢工教会工人团结。团结是打破工人种族、性别、语言和国

---

① 参阅 Paul D'Amato，"Where We Stand"，ISO Education Department.（Nov. 12，2017），https：//www. internationalsocialist. org/wp-content/uploads/2017/12/Where-We-Stand-Nov2017. pdf. p. 9。

② Paul D'Amato，"Where We Stand"，ISO Education Department.（Nov. 12，2017），https：//www. internationalsocialist. org/wp-content/uploads/2017/12/Where-We-Stand-Nov2017. pdf. p. 10.

③ Paul D'Amato，"Where We Stand"，ISO Education Department.（Nov. 12，2017），https：//www. internationalsocialist. org/wp-content/uploads/2017/12/Where-We-Stand-Nov2017. pdf. p. 11.

籍分歧的必要条件。团结使他们联合起来开展阶级斗争,利用自己的力量改善生存条件。当工人处于一个共同的环境,拥有共同的利益,工人便可以团结起来组成一个阶级,其所捍卫的利益也会变成阶级的利益。(4)工人阶级集体罢工"能够使资本主义屈服"[1]。即使是一场小规模的、位置恰当的罢工,也可能使整个公司乃至整个行业陷入瘫痪。如果某一行业工人对国家至关重要,那么该行业的工人罢工可能会影响整个社会经济。

总之,美国国际社会主义组织坚信,工人掌握着生产的杠杆,资本主义的生产力越高,工人阶级的潜在力量就越大,工人罢工对资本主义的影响也越大。然而,美国国际社会主义组织也清楚地认识到,罢工可以使资本主义系统停止运转,但"并不足以消灭资本主义";"群众罢工能够团结和组织工人阶级,能够使资本主义屈服,但并不足以创建新的社会"[2]。为此,工人阶级必须搞好政治建设和组织建设,为争夺权力做好准备[3]。

三 发挥工会的积极作用

美国国际社会主义组织认为,工人可以通过罢工对抗资本主义,也可以依靠工会抵抗资本家的联合,维护自己的利益。工会是反对雇主剥削的重要工具,对争取工人权利至关重要。此外,工会建立在集体性质之上,可以把工人聚集在一起,以制止工人

---

① Paul D'Amato, "Where We Stand", ISO Education Department. (Nov. 12, 2017), https: //www. internationalsocialist. org/wp-content/uploads/2017/12/Where-We-Stand-Nov2017. pdf. p. 11.

② Paul D'Amato, "Where We Stand", ISO Education Department. (Nov. 12, 2017), https: //www. internationalsocialist. org/wp-content/uploads/2017/12/Where-We-Stand-Nov2017. pdf. p. 12.

③ Paul D'Amato, "Where We Stand", ISO Education Department. (Nov. 12, 2017), https: //www. internationalsocialist. org/wp-content/uploads/2017/12/Where-We-Stand-Nov2017. pdf. p. 12.

之间的竞争，也使他们能与资本家进行普遍的竞争①。

面对总是团结一致的资产阶级，建立工会维持工人阶级联合比维持工资更为重要。工会帮助改善工人工作条件，同时提高工人战斗力和阶级意识，使他们能够以更宽的视角思考问题。但很多时候，美国工会在经济方面的斗争往往微不足道，当雇主占了上风时，工会往往会被撤销或削弱。工会的软弱使雇主压低工人的工资、福利和工作条件，而没有面临来自劳工运动的强大挑战。为了正确地认识工会推进联合罢工的价值，美国国际社会主义组织认为，不能让工会被经济结果所蒙蔽。一方面，美国国际社会主义组织支持美国工会的发展，因为"新一波阶级斗争即将发生，阶级斗争会推动新的工会产生，这不仅会迫使雇主改善工人阶级生活条件，还会培养工人阶级为争取美好世界而斗争的意识"②；但另一方面，美国国际社会主义组织也认为，美国工会存在官僚主义缺陷，不足以维护工人阶级长期利益，更不能推动美国社会主义斗争。但不论怎么样，美国工人都应当利用工会提供的平台，尽最大可能维护自身利益③。

四　美国工会的局限性要求工人阶级建立自己的政治组织

为了使工会为工人的利益而斗争，普通工人必须独立于工会官员组织起来。虽然美国国际社会主义组织支持工会，但它也认识到美国工会存在局限性。工人阶级的解放不能完全依靠工会，

---

① Paul D'Amato, "Where We Stand", ISO Education Department. (Nov. 12, 2017), https：//www. internationalsocialist. org/wp-content/uploads/2017/12/Where-We-Stand-Nov2017. pdf. p. 13.

② Paul D'Amato, "Where We Stand", ISO Education Department. (Nov. 12, 2017), https：//www. internationalsocialist. org/wp-content/uploads/2017/12/Where-We-Stand-Nov2017. pdf. p. 12.

③ Paul D'Amato, "Where We Stand", ISO Education Department. (Nov. 12, 2017), https：//www. internationalsocialist. org/wp-content/uploads/2017/12/Where-We-Stand-Nov2017. pdf. p. 12.

工人阶级还需要建立自己的组织开展斗争①。

一方面，美国工会在组织工人对抗雇主、争取阶级利益方面有积极作用，但另一方面，它的局限性又限制了它的成长。(1) 美国工会按照行业划分，未能代表低技能和非技能工人的利益。行业工会不能把不同行业的工人团结起来开展斗争，与此同时，它的目的不是推翻资本主义，而只是改善工人的生存条件；不是废除剥削条款，而只是对剥削条款进行谈判。"虽然工会是抵抗资本入侵的中心，但他们往往都会失败，因为工会把自己限制在对抗现有体制的游击战中，而不是试图改变现有体制"②。(2) 美国工会官僚主义阻碍了工人反对雇主剥削的运动向前发展。为了与雇主谈判，美国工会创建了一个由官僚组成的机构。但这些官僚往往与普通工人脱离联系，把机构的生存和他们的收入来源看得比阶级斗争更重要。那些从事专业活动的工会领导人，在和平时期往往并不参与直接的斗争，视野自然有限，这很容易形成官僚主义和某种狭隘的观点，影响工会运动的未来。美国国际社会主义组织认为，工会官僚主义在美国达到了顶峰，工会官员与雇主之间的关系比与工人之间的关系更加亲密③。(3) 工会官员工资远远高于普通工人，工人们觉得工会官僚并不代表他们的利益，工人对工会做什么或不做什么没有发言权。工会与工人的需求分离，变得官营化，只是为了维持雇主的剥削，与工人达成妥协。因此，为了切实维护工人阶级自身利益，工人

① Paul D'Amato, "Where We Stand", ISO Education Department. (Nov. 12, 2017), https://www. internationalsocialist. org/wp-content/uploads/2017/12/Where-We-Stand-Nov2017. pdf. p. 12.

② Paul D'Amato, "Where We Stand", ISO Education Department. (Nov. 12, 2017), https://www. internationalsocialist. org/wp-content/uploads/2017/12/Where-We-Stand-Nov2017. pdf. p. 12.

③ Paul D'Amato, "Where We Stand", ISO Education Department. (Nov. 12, 2017), https://www. internationalsocialist. org/wp-content/uploads/2017/12/Where-We-Stand-Nov2017. pdf. p. 12.

必须建立一个由自己掌控的组织，联合起来对抗资产阶级①。

除此之外，美国国际社会主义组织认为，美国工会还具有相互矛盾的两个方面：工会可以推动工人反对雇主剥削的阶级斗争，但同时又对阶级斗争起着缓和作用。就是说，一方面工人阶级与资本家之间的尖锐矛盾推动形成了许多行业工会，促进了工人大规模的罢工、抗议，但另一方面工会官僚机构作为工人和雇主之间的调解人，又遏制了工人激进分子的罢工和抗议②。

工会既推动工人斗争又控制工人斗争，不至于把与资本家的合作推向绝境，符合工会的切身利益。可是工会必须代表普通工人的利益，这是它存在的基础。尽管它们会在不同程度上受到资本家的压力，但它始终要对其成员的利益负责。但事实上，在过去的几十年里，美国工会就像疾病一样吞噬着美国的劳工运动，以至于美国劳工运动并没有动员起有效的力量来对抗雇主的压迫。工会越是被自上而下的官僚主义主导，就越不能促成工人具备改变社会的素质，因为工会本质上是保守的，它不仅削弱工人的战斗性，而且抵制社会主义。因此，美国国际社会主义组织认为，不能仅仅依靠工会来推动斗争，工人必须建立独立于工会的政治组织。"工人自己掌握的组织越多，其力量就越大。"③ 只要组织代表了成员的利益，就支持它。只要它违背了成员的利益，就必须废除它。只有建立独立于工会的政治组织，推动自下而上的罢工运动和社会运动，调动工人的积极性，使其意识形态向左

---

① Paul D'Amato, "Where We Stand", ISO Education Department. （Nov. 12, 2017）, https：//www. internationalsocialist. org/wp-content/uploads/2017/12/Where-We-Stand-Nov2017. pdf. p. 13.

② Paul D'Amato, "Where We Stand", ISO Education Department. （Nov. 12, 2017）, https：//www. internationalsocialist. org/wp-content/uploads/2017/12/Where-We-Stand-Nov2017. pdf. p. 13.

③ Paul D'Amato, "Where We Stand", ISO Education Department. （Nov. 12, 2017）, https：//www. internationalsocialist. org/wp-content/uploads/2017/12/Where-We-Stand-Nov2017. pdf. p. 14.

转移,才能使工人阶级在社会运动中积累推翻旧世界、创造新世界的信心。只有工人建立自己的组织,克服工会的部门划分,使工人作为一个阶级联合起来,才能通过自己的活动,从根本上改造社会。

总之,美国国际社会主义组织意识到了工人阶级的强大力量,认为工人罢工足以使资本主义系统停止运转。工人可以依靠工会在一定程度上争取自己的利益,但这并没有改变资本主义剥削制度。鉴于工会的局限性,工人必须建立起独立于工会的政治组织维护其长久利益,但要想从根本上废除资本主义剥削制度,工人还必须组织起来发动革命。

第三节　建立工人阶级民主国家替代资本主义

美国资产阶级改良派和保守派的轮流执政起到社会安全阀作用,将社会不满情绪控制在统治阶级可接受的范围之内。但无论是改良派还是保守派,他们都无法免除资本对工人的剥削和压迫。美国国际社会主义组织认为,既然资本主义改革不能结束压迫和剥削,那么就应当建立工人阶级的国家政权替代资本主义。美国国际社会主义组织支持工人阶级推翻资本主义的社会运动,在适当的情况下,将维护个人权益的斗争转变为对统治阶级权力的挑战。

一　反对改良坚持斗争

"资本主义的改良不能结束压迫和剥削,资本主义必须被替代"①。美国国际社会主义组织理论家丹尼尔·德利昂(Daniel

---

① Paul D'Amato, "Where We Stand", ISO Education Department. (Nov. 12, 2017), https://www.internationalsocialist.org/wp-content/uploads/2017/12/Where-We-Stand-Nov2017.pdf. p. 16.

DeLeon）指出，资本主义社会改良就像给贵宾犬梳理毛发。无论你如何改变贵宾犬的外貌，"本质上，它永远是一只贵宾犬"，就像工人工时改革一样，"无论工人每天工作 10 小时还是 12 小时，他们仍然受到剥削"①。改良虽然在一定程度上改善了工人阶级的生活条件，但没有改变资本主义的基本经济社会关系。一项特定的改良可以减轻资本主义给广大人民群众带来的负担，但不能从根本上改变剥削制度。因此，工人阶级要想完全摆脱压迫，必须通过彻底的社会运动推翻资本主义制度②。

美国国际社会主义组织反对不改变资本主义剥削的改良主义，支持能够废除资本主义剥削制度的革命。改良主义是一种政治立场，它认为社会变革的极限是资本主义制度本身设定的极限，社会变革应当保持在资本主义可接受的限度之内。改良主义不自觉地接受资本主义强加的限制，希望在不损害统治阶级权力的前提下改善劳动人民的生活条件。但事实上，无论资本主义进行多少次改良，都无法将资本主义转变为社会主义。因此，把改良说成是一场旷日持久的革命，或者把革命说成是一系列浓缩的改良，都不正确③。"改良主义不过是资产阶级对工人的欺骗，虽然工人有了生活改善，但只要有资本的支配，工人就永远是工资的奴隶。"④ 因此，美国国际社会主义组织认为，应该坚决地与改良主

---

① Paul D'Amato, "Where We Stand", ISO Education Department. (Nov. 12, 2017), https：//www. internationalsocialist. org/wp-content/uploads/2017/12/Where-We-Stand-Nov2017. pdf. p. 16.

② Paul D'Amato, "Where We Stand", ISO Education Department. (Nov. 12, 2017), https：//www. internationalsocialist. org/wp-content/uploads/2017/12/Where-We-Stand-Nov2017. pdf. p. 16.

③ Paul D'Amato, "Where We Stand", ISO Education Department. (Nov. 12, 2017), https：//www. internationalsocialist. org/wp-content/uploads/2017/12/Where-We-Stand-Nov2017. pdf. p. 16.

④ Paul D'Amato, "Where We Stand", ISO Education Department. (Nov. 12, 2017), https：//www. internationalsocialist. org/wp-content/uploads/2017/12/Where-We-Stand-Nov2017. pdf. p. 17.

义作斗争,在斗争的过程中把工人阶级争取到革命的观点上来,时刻为更高层次的、推翻资本主义制度的斗争中做准备。那些"反对社会革命的人,并没有找到合适道路达到其目标,原因就在于,他们强调对旧社会实行表面的改造,而不是主张建立新的社会"①。美国国际社会主义组织"从不止步于这种或那种改良,而总是将改良推向革命,……从而建立社会主义新社会"②。

在认识到革命的必要性的同时,美国国际社会主义组织也认识到在美国发起社会运动的困境。一是美国工人阶级政党力量依然弱小,二是少有社会主义政党能够发起与资本主义制度作斗争的强大运动。

有观点认为,工人阶级不需要自己的政党或候选人,它所需要的只是组织工会进行罢工,来摧毁资本主义体系。但美国国际社会主义组织认为,工人阶级如果不组织自己的政党,就不能将自己的政治态度和政治立场公诸于世,就不能凝聚工人的力量,摆脱资本主义获得解放。同样地,如果工人阶级没有自己的政党、领袖,就无法参加选举,摆脱两个资产阶级政党的控制。只有壮大工人阶级政党,才可以通过选举活动广泛地接触人群,并通过宣传使人了解社会主义,获得支持③。美国国际社会主义组织支持真正的左翼候选人及其政治行动,期待从资产阶级主导的两党制中独立出来。但美国国际社会主义组织也认识到,美国两党制具有强大的制约性,以至于没有一个工

---

① Paul D'Amato, "Where We Stand", ISO Education Department. (Nov. 12, 2017), https://www. internationalsocialist. org/wp-content/uploads/2017/12/Where-We-Stand-Nov2017. pdf. p. 17.

② Paul D'Amato, "Where We Stand", ISO Education Department. (Nov. 12, 2017), https://www. internationalsocialist. org/wp-content/uploads/2017/12/Where-We-Stand-Nov2017. pdf. p. 17.

③ Paul D'Amato, "Where We Stand", ISO Education Department. (Nov. 12, 2017), https://www. internationalsocialist. org/wp-content/uploads/2017/12/Where-We-Stand-Nov2017. pdf. p. 18.

人阶级政党强大起来，"我们仍然处于这样一种局面：代表工人阶级利益的组织规模仍然很小，并且无法承担竞选总统所需的巨大支出"①。

虽然两党制的确抑制了第三党的发展，但美国社会主义者要想避免落入现有秩序的陷阱，必须使反对资产阶级及其国家的斗争成为可能。对于马克思主义者来说，通过选举打击资本主义的努力必须服从于阶级斗争。美国"国际社会主义组织的关键任务之一，就是让激进分子不再对民主党抱有幻想"，并建立工人阶级政党，发动社会主义革命②。美国国际社会主义组织呼吁美国左翼反对投票给两大资产阶级政党，以打破两党制，为工人阶级政党取得政治权力创造机会。美国国际社会主义组织认为"建立一个真正的左翼政党取代民主党的时机已经成熟"③，绿党积极开展反对资本主义的活动已经推动了这一进程。在美国两党独大的情况下，工人阶级仍应坚持发展自己的政党，吸收左翼力量，壮大自身，在时机成熟时取代民主党，为未来社会主义运动奠定基础。

二　建立社会主义政党推动阶级斗争

美国国际社会主义组织认为，要实现社会主义，就必须把最激进的工人组织起来，"建立一个植根于工厂、学校和社区的社

---

① Paul D'Amato, "Where We Stand", ISO Education Department. (Nov. 12, 2017), https：//www. internationalsocialist. org/wp-content/uploads/2017/12/Where-We-Stand-Nov2017. pdf. p. 20.

② Paul D'Amato, "Where We Stand", ISO Education Department. (Nov. 12, 2017), https：//www. internationalsocialist. org/wp-content/uploads/2017/12/Where-We-Stand-Nov2017. pdf. p. 22.

③ Paul D'Amato, "Where We Stand", ISO Education Department. (Nov. 12, 2017), https：//www. internationalsocialist. org/wp-content/uploads/2017/12/Where-We-Stand-Nov2017. pdf. p. 23.

会主义政党，在今天的斗争中为社会主义赢得更多支持"①。

（一）建立工人阶级政党将工人阶级联合起来

美国国际社会主义组织认为，建立工人阶级政党有助于将不同性别、种族、民族的工人联合起来，并与之保持密切联系，推动社会主义向前发展。

一是工人阶级政党能够带领具有阶级意识的工人拒绝资本主义，使尚未接受社会主义思想的工人在斗争过程中更容易成为被压迫阶级权利的捍卫者，工人团结的一贯倡导者以及社会主义最坚定的支持者。

二是工人阶级政党可以成为一个交换意见的地方，通过创办全国性的报纸、出版物总结斗争中什么是有效的，什么是无效的，宣传工人运动经验。这样一来，政党组织既能向工人阶级学习，又能指导社会主义运动。

此外，美国国际社会主义组织认为，工人阶级政党还必须同人民群众保持密切联系。"一个政党组织要想有效开展运动，就必须成为斗争的一部分"②，工人阶级政党应当借鉴列宁和布尔什维克的经验，因为"列宁主义的政党并不是一个到处对俄国工人发号施令的官僚机构，而是俄罗斯工人阶级的一部分"，它与工人阶级保持密切联系，"一起生活，一起呼吸"③。

（二）建立社会主义政党捍卫工人利益

美国国际社会主义组织指出，现实与历史因素使许多美国民

---

① Paul D'Amato, "Where We Stand", ISO Education Department. （Nov. 12, 2017）, https: //www. internationalsocialist. org/wp-content/uploads/2017/12/Where-We-Stand-Nov2017. pdf. p. 35.

② Paul D'Amato, "Where We Stand", ISO Education Department. （Nov. 12, 2017）, https: //www. internationalsocialist. org/wp-content/uploads/2017/12/Where-We-Stand-Nov2017. pdf. p. 37.

③ Paul D'Amato, "Where We Stand", ISO Education Department. （Nov. 12, 2017）, https: //www. internationalsocialist. org/wp-content/uploads/2017/12/Where-We-Stand-Nov2017. pdf. p. 36.

众远离政党政治。首先，"当美国人想到政党时，他们主要想到的是民主党和共和党。他们认为政党政治纯粹是乏味的竞选活动，是两个代表少数利益集团之间的勾心斗角。所以当社会主义者说我们想组织一个政党时，可能会被民众拒绝"[①]。其次，美国改良主义运动，使他们疏远了社会主义组织，或者得出无政府主义的结论，即任何形式的"政治"都是浪费时间。再者，"还有一些由少数傲慢自大的人组成宗派团体，……以轻蔑的态度对待身边的每一个人"[②]，使许多美国民众对政党形成了排斥心理，使他们不乐于参与政党政治。

　　不过，尽管如此，美国国际社会主义组织还是认为，在资本主义制度下建立工人阶级政党来捍卫其利益仍然十分必要，因为遭受美国资本主义经济、政治压迫的工人阶级没有其他选择，他们必须推翻资本主义才能获得解放。反对资本主义是一场政治斗争，它的目标是废除资本主义国家，用社会主义制度取而代之。如果工人阶级把自己局限于纯粹的经济斗争，它将无法发展成为反对一切剥削和压迫的政治斗争。工人阶级必须把经济斗争和政治斗争结合起来，挑战资本主义。但任何参与过哪怕是最微小的斗争的人都知道，没有一个坚定的政党组织，就无法取得什么成就。因为一个人不能改变太多，无论他多么致力于改变世界。所以，建立政党是必要的，只有建立起坚强的社会主义政党组织才能占领整个资本主义权力大厦。统治阶级的组织已经建立起来，他们拥有国家机器和大量资源，不惜一切代价保护自己的财富和

---

　　① Paul D'Amato，"Where We Stand"，ISO Education Department.（Nov. 12，2017），https：//www. internationalsocialist. org/wp-content/uploads/2017/12/Where-We-Stand-Nov2017. pdf. p. 35.

　　② Paul D'Amato，"Where We Stand"，ISO Education Department.（Nov. 12，2017），https：//www. internationalsocialist. org/wp-content/uploads/2017/12/Where-We-Stand-Nov2017. pdf. p. 35. 《共产主义运动中的"左派"幼稚病》，见《列宁全集》第39卷，人民出版社2017年版，第12页。

特权。为了挑战统治阶级,工人阶级也必须要有一个能动员数百万人民的社会主义政党。

(三)建立社会主义政党"先锋队"推动阶级斗争

美国国际社会主义组织认为,除了建立社会主义政党之外,还应当在政党里建立具有模范作用的"先锋队"来调动群众,增强工人队伍的斗争意识,推进社会主义运动。原因如下。

第一,真正的先锋队是工人阶级的一部分,在社会主义思想的影响下不断发展。"先锋"是指斗争运动中的"先头部队"。任何社会斗争,都离不开先锋群体带头发起、维持和推进。工人阶级的"先锋队"是具有组织能力和社会主义政治意识的工人[1]。

第二,除了凝聚和引领的需要,工人阶级内部斗争意识的不平衡也是建立"先锋队"的重要原因。工人阶级斗争意识不平衡,是指在特定时刻,总有一些人比其他人更具阶级意识,更愿意采取行动。另外,工人阶级的斗争意识是混合的,同一工人可能同时持有激进和保守的思想,混合的思想往往导致犹豫不决、踌躇不前。因此,工人只有跟随最先进的工人阶级才能受到启发,工人阶级斗争意识的不平衡才能够被克服。

美国国际社会主义组织强调"先锋队"并不等同于精英主义。因为精英主义声称普通民众在能力方面的差异根源(遗传基因、家庭背景、社会资源等)不能改变,群众现在、将来都不可能成为治理国家的统治阶级,只有精英才能带领国家走向光明。精英主义的立场实际上是拒绝承认人与人之间差异可以改变,但对马克思主义者来说,社会的发展不是为了固化这些差异,而是

---

① Paul D'Amato, "Where We Stand", ISO Education Department. (Nov. 12, 2017), https://www.internationalsocialist.org/wp-content/uploads/2017/12/Where-We-Stand-Nov2017.pdf. p. 20.

为了克服它们①。

三 摆脱两党制建立工人阶级民主国家

（一）摆脱美国两党制

美国国际社会主义组织认为，工人阶级的社会主义政党建立之后，在不能通过选举的方式获得执政权力的条件下，必须通过阶级斗争打破美国两党制的政治模式，进而推翻资本主义。因为美国政治体系是"两大政治投机团伙轮流掌握国家权力，……这两大政治集团表面上是人民的仆人，实际上却是剥削和掠夺人民的统治者"②。资本主义政党不代表工人阶级的利益，因此美国国际社会主义组织不支持民主党、共和党等资本主义政党候选人，只支持真正的左翼候选人及其政治行动，以促进美国政治从两党制中脱离出来。

美国国际社会主义组织强调，美国共和党、民主党这两个政党都遵循资本主义制度，无论哪个政党成功，他们都会让工人继续做工资的奴隶。迈克尔·帕伦蒂在《少数人的民主》中则指出，美国政党政治不过是"一个名副其实的马戏团"，它的基本功能是"实现资本主义社会秩序的合法化"③。

此外，美国两党引导和限制政治表达，弱化阶级不满情绪，很少留出时间讨论真正的社会问题，因为它把太多的注意力放在了竞选。该制度的设计是这样的：当选民对一个政党不满时，总

---

① Paul D'Amato，"Where We Stand"，ISO Education Department. （Nov. 12，2017），https：//www. internationalsocialist. org/wp-content/uploads/2017/12/Where-We-Stand-Nov2017. pdf. p. 19.

② Paul D'Amato，"Where We Stand"，ISO Education Department. （Nov. 12，2017），https：//www. internationalsocialist. org/wp-content/uploads/2017/12/Where-We-Stand-Nov2017. pdf. p. 17.

③ Paul D'Amato，"Where We Stand"，ISO Education Department. （Nov. 12，2017），https：//www. internationalsocialist. org/wp-content/uploads/2017/12/Where-We-Stand-Nov2017. pdf. p. 17.

会有另一个政党在一旁伺机而动，最小程度地破坏该制度。共和党在社会问题上更为保守，公开地呼吁资本主义的利益。民主党更加自由，至少在言辞上更愿意给出维护大众利益的承诺。但他们在基本原则上没有明显的分歧，他们都是资本主义剥削制度的坚定支持者①。2004年，绿党副总统候选人彼得·卡梅霍这样解释了两党之间的差异：当共和党人要求削减工人20%的工资时，民主党人谴责这是令人发指的，提议削减10%。就是说，美国两党制使人们面临"两害相权取其轻"的选择。

因此，工人阶级政党只要接受两党垄断的局限性，就不可能发展出维护工人阶级利益的政治选择，哪怕是赢得了选举胜利。而美国国际社会主义组织的关键任务不仅是支持左翼候选人上台执政，更重要的是，通过建立社会主义政党，争取更广泛的群众，激发更深层次的自下而上的斗争，使美国摆脱两党制的控制，切实维护工人阶级利益②。

（二）建立工人阶级的民主国家

在设想建立社会主义政党打破两党制之后，美国国际社会主义组织还强调通过阶级斗争废除旧的国家机器，建立工人阶级的民主国家③。

我们知道，国家是阶级斗争的产物也是抑制阶级冲突的工具，它通常是经济上最强大的统治阶级压迫、剥削被统治阶级的手段。也有观点认为，人的本性是肮脏的、暴力的，国家存在的目

---

① Paul D'Amato, "Where We Stand", ISO Education Department. (Nov. 12, 2017), https：//www. internationalsocialist. org/wp-content/uploads/2017/12/Where-We-Stand-Nov2017. pdf. p. 18.

② Paul D'Amato, "Where We Stand", ISO Education Department. (Nov. 12, 2017), https：//www. internationalsocialist. org/wp-content/uploads/2017/12/Where-We-Stand-Nov2017. pdf. p. 20.

③ Paul D'Amato, "Where We Stand", ISO Education Department. (Nov. 12, 2017), https：//www. internationalsocialist. org/wp-content/uploads/2017/12/Where-We-Stand-Nov2017. pdf. p. 19.

的是规范这些倾向。然而，这种观点忽视了相互合作、利他主义的例子，而且没有注意到"人性"实际上是经济、社会关系不断变化的结果①。还有观点认为，国家植根于人类社会物质和历史的发展。当社会开始产生盈余，但盈余不足以让社会的每一部分人都从每天的辛苦劳动中解脱出来的时候，国家就出现了。国家既要扮演经济角色，又要扮演意识形态角色（比如，发展宗教、为国王的神圣统治辩护），还要扮演强制角色（建立一支凌驾于社会之上的武装力量，以维持"秩序"）②。

　　资本主义国家政权是人类社会发展的产物，旨在维护资本主义统治，并不代表工人阶级的利益。工人阶级的利益只有在出于社会稳定，缓和阶级矛盾的时候才能得到满足。因此，美国国际社会主义组织认为，工人阶级需要建立一个完全不同的国家——一个以工人代表委员会为基础的民主国家③。要创建这种国家，工人阶级必须通过"自下而上"的革命，而非"自上而下"的改良，就是说要推翻资产阶级，废除旧的国家机器，完成社会改造，把无产阶级提高到统治阶级的地位才能实现。而美国工人阶级的国家统治将是多数人的民主统治，而不是把国家机器的控制权从一个剥削阶级转移到另一个剥削阶级的统治④。

---

　　① Paul D'Amato，"Where We Stand"，ISO Education Department.（Nov. 12, 2017），https：//www. internationalsocialist. org/wp-content/uploads/2017/12/Where-We-Stand-Nov2017. pdf. p. 19.

　　② Paul D'Amato，"Where We Stand"，ISO Education Department.（Nov. 12, 2017），https：//www. internationalsocialist. org/wp-content/uploads/2017/12/Where-We-Stand-Nov2017. pdf. p. 20.

　　③ Paul D'Amato，"Where We Stand"，ISO Education Department.（Nov. 12, 2017），https：//www. internationalsocialist. org/wp-content/uploads/2017/12/Where-We-Stand-Nov2017. pdf. p. 19.

　　④ Paul D'Amato，"Where We Stand"，ISO Education Department.（Nov. 12, 2017），https：//www. internationalsocialist. org/wp-content/uploads/2017/12/Where-We-Stand-Nov2017. pdf. p. 21.

第四节 坚持国际主义变革资本主义

美国国际社会主义组织认为,仅仅建立社会主义政党推动阶级斗争不足以变革资本主义,因为资本主义是一种国际制度。这就是说,要想彻底推翻资本主义实现社会主义,美国工人的斗争必须坚持国际主义,将国内斗争和国际斗争相结合。美国国际社会主义组织认为,美国工人坚持国际主义意味着反对"美帝国主义"及他国的干预,意味着美国工人要与受美国压迫的民族联合,为社会主义革命和世界工人的解放创造条件。另外,美国是一个移民国家,美国国际社会主义组织也坚持用国际主义将受到美国资本家压迫的移民工人联合起来,并在反对种族主义和性别歧视的基础上实现更好的团结。

一 坚持国际主义团结世界工人

《共产党宣言》指出,随着资本主义"贸易自由的实现和世界市场的建立,……各国人民之间的民族分隔和对立日益消失"了[1],但美国国际社会主义组织认为,资本主义"世界市场的发展非但没有消除民族或国家之间的对立,反而加强了列强之间的矛盾及其对弱小民族、国家的征服和压迫"[2]。工人阶级要想摆脱资本主义必须坚持国际主义,团结世界工人。

具体而言,世界市场的发展促使资本主义在全球建立联系,剥削和镇压工人阶级。为了反对资本主义的国际联合,全世界工

---

[1] Paul D'Amato, "Where We Stand", ISO Education Department. (Nov. 12, 2017), https://www.internationalsocialist.org/wp-content/uploads/2017/12/Where-We-Stand-Nov2017.pdf. p. 24. 见《马克思恩格斯文集》第 2 卷,人民出版社 2009 年版,第 50 页。

[2] Paul D'Amato, "Where We Stand", ISO Education Department. (Nov. 12, 2017), https://www.internationalsocialist.org/wp-content/uploads/2017/12/Where-We-Stand-Nov2017.pdf. p. 24.

人阶级也应当坚持国际主义，建立跨国联合，在反抗资本主义压迫的斗争中相互支援，在推翻资本主义体系的战斗中团结一致。为了资本的利益，资产阶级会鼓励工人将国家认同置于阶级利益之上，以便不同国家的工人无法团结起来，工人阶级应当看清资产阶级分裂工人的伎俩。

工人阶级的国际联合应当克服工人阶级的内部分裂，以及民族沙文主义，并承认被压迫民族的基本自决权。美国国际社会主义组织认为，只有美国工人承认波多黎各的独立权利，波多黎各人和美国工人之间才可能团结一致。只有承认伊拉克人、阿富汗人、巴勒斯坦人有摆脱美国统治的权利，中东各国人民才能和美国工人联合起来，一起对抗美国资本主义。

二　坚持国际主义"抵制美帝国主义"

为了取得国内斗争的胜利，美国国际社会主义组织还强调在国际范围内抵制"美帝国主义"的侵略和殖民统治。如今大多数殖民地已经消失，但各国之间关于谁将成为世界主导的竞争，仍然是资本主义世界体系的一个基本特征。而美国保持着前所未有的军费开支，以维持自己在资本主义世界体系中的主导地位，工人阶级要摆脱美帝国主义必须坚持国际主义。

美国国际社会主义组织认为，"美国总是用革命的语言，比如自由、民主等掩盖其侵略野心，在贸易自由的旗帜下，发动掠夺战争"[1]。美国一直表现为一个"不情愿的帝国"，总是怀着"善意"，根据自己的利益侵略其他国家。美国国际社会主义组织揭露了"美帝国主义"血腥的掠夺历史，公开反对美国对他国的侵略。有观点认为，美国将注定主宰世界，美国"领土扩张的历

---

[1]　Paul D'Amato, "Where We Stand", ISO Education Department. (Nov. 12, 2017), https://www.internationalsocialist.org/wp-content/uploads/2017/12/Where-We-Stand-Nov2017.pdf. p. 25.

史是其荣耀的进步历史……，应该高兴的是，上苍给了我们机会，使我们能够将美国的制度和文明扩展到迄今为止对我们封闭的地区"①。但美国的扩张并不是以文明的方式行事，从剥削压迫印第安人开始，它就表现出明显的暴力。历史学家西德尼·伦斯写道："仁慈的美国并不存在，也从未存在过。"② 从1846年美墨战争到21世纪美国对伊拉克的入侵，美国从未羞于使用暴力征服、吞并、恐吓对手③。美国国际社会主义组织分析，在20世纪20年代，美国成为世界上最大的工业强国之后，常常以反殖民主义的姿态展示自己与老牌殖民大国的区别，用"门户开放"政策掩饰侵略他国的野心。然而，"门户开放"的实际含义是："美帝国主义"把世界作为一个市场，用武器将那些不对美国开放的国家的大门推倒；美国资本主义的利益必须得到各国保护，即便它侵犯了他国主权。美国一直利用"炮舰外交"获取利益。自1890年以来，美国已经向加勒比海和中美洲国家派遣了40多支军队。在这些地方，美国训练当地的武装部队和"友好"独裁者照顾他们的利益。在必要时，采取更为隐蔽的手段，授权中央情报局煽动政变推翻不友好的政权④。

1. 以波多黎各为例，它至今仍是美国的自治区。1917年，美国强制波多黎各人成为美国公民，但波多黎各居民没有权利投票选举美国总统、参议员或国会代表。美国联邦调查局

① 引自 Paul D'Amato, "Where We Stand", ISO Education Department. (Nov. 12, 2017), https：//www. internationalsocialist. org/wp-content/uploads/2017/12/Where-We-Stand-Nov2017. pdf. p. 26。

② 引自 Paul D'Amato, "Where We Stand", ISO Education Department. (Nov. 12, 2017), https：//www. internationalsocialist. org/wp-content/uploads/2017/12/Where-We-Stand-Nov2017. pdf. p. 26。

③ 仅美国对菲律宾、朝鲜和越南的军事行动，就造成了600多万人死亡。

④ Paul D'Amato, "Where We Stand", ISO Education Department. (Nov. 12, 2017), https：//www. internationalsocialist. org/wp-content/uploads/2017/12/Where-We-Stand-Nov2017. pdf. p. 27.

（FBI）在波多黎各拥有管辖权，而国家公园管理局（National Park Service）监管该岛。波多黎各有80%的人口只会说西班牙语，但其法院被要求用英语履行职责。1952年美国通过协定《自由联合州》（Free Associated State）维持了波多黎各的殖民地地位。美国政府对波多黎各地方立法拥有否决权；五角大楼控制着波多黎各国防和国民警卫队的所有事务，甚至可以征召波多黎各人入伍①。

2. 再以古巴为例，1959年的古巴革命推翻了美国支持的巴蒂斯塔政府，将古巴从外国统治下解放出来，自那以后，美国试图通过军事入侵、经济封锁或暗杀（多次针对菲德尔·卡斯特罗，并杀害切·格瓦拉）等方式打击古巴革命。美国一直使古巴遭受苦难，不仅禁止美国公司与古巴贸易，而且还制裁了与古巴进行贸易的外国公司。然而，"古巴是小国对抗北方强权的榜样"②，它不仅没有屈服，还一直坚持发展社会主义，并旗帜鲜明地反对"美帝国主义"③。

3. 美国在中东也推行"帝国主义"。中东是美国利益的关键，它拥有世界上最大的石油储量，是世界上最重要的战略要塞之一。美国一直依靠暴力对付伊朗、埃及等，煽动针对"不友好"政权的政变。在必要时直接挑战、颠覆他国政府。美国政府每年花费数十亿美元维持其在中东的军事力量，向以色列提供数十亿美

---

① Paul D'Amato, "Where We Stand", ISO Education Department. （Nov. 12, 2017）, https：//www. internationalsocialist. org/wp-content/uploads/2017/12/Where-We-Stand-Nov2017. pdf. p. 27.

② Paul D'Amato, "Where We Stand", ISO Education Department. （Nov. 12, 2017）, https：//www. internationalsocialist. org/wp-content/uploads/2017/12/Where-We-Stand-Nov2017. pdf. p. 26.

③ Paul D'Amato, "Where We Stand", ISO Education Department. （Nov. 12, 2017）, https：//www. internationalsocialist. org/wp-content/uploads/2017/12/Where-We-Stand-Nov2017. pdf. p. 25.

元的军事装备①，小心翼翼地将其培植成为该地区强大的军事力量。

如今美国在世界拥有近 800 个军事基地，这些基地是战争机器的前哨。在苏东剧变之后，美国成为唯一的超级大国，但这并没有像当时所说的那样产生"和平红利"。相反，美国政府急于扩充军事实力，确保超级大国地位。美国国际社会主义组织认为，自己作为最贪婪的帝国主义国家的社会主义者，有责任反对美国在世界各地的军事侵略和军事干预。无论是以人道主义的名义干预科索沃、海地，还是以传播民主的名义入侵伊拉克，美国国际社会主义组织都坚决反对。美国国际社会主义组织希望通过联合世界各地受美国压迫的工人，为消灭剥削压迫的解放斗争创造条件，期望将美国工人阶级利益与"美帝国主义"受害者（包括伊拉克人、海地人、古巴人、波多黎各人以及美洲土著等）的利益结合起来，通过国际主义建立起打败"美帝国主义"所需的国际团结②。

三 坚持国际主义捍卫美国移民的权利

资本在世界各地自由流动，追逐高额利润，但劳动力却没有像资本那样自由跨境流动的能力。在资本主义制度下，人们为了逃离一个国家或地区的苦难，被迫移民到另一个国家或地区。但是在那里，他们被视为贱民，任由资本家剥削。美国国际社会主义组织反对美国对移民工人的歧视，支持所有移民平等地享受公民权利，反对将移民视为二等或三等公民或者非公民③。

---

① 自 20 世纪 60 年代末以来，以色列一直是美国在中东地区最重要的盟友，它从美国得到的经济和军事援助比世界上其他任何国家都多。

② Paul D'Amato, "Where We Stand", ISO Education Department. （Nov. 12, 2017），https：//www. internationalsocialist. org/wp-content/uploads/2017/12/Where-We-Stand-Nov2017. pdf. p. 27.

③ Paul D'Amato, "Where We Stand", ISO Education Department. （Nov. 12, 2017），https：//www. internationalsocialist. org/wp-content/uploads/2017/12/Where-We-Stand-Nov2017. pdf. p. 27.

（一）美国"大熔炉"的谎言

为了取得国内斗争的胜利，美国国际社会主义组织认为还应当坚持国际主义将移民到美国的工人联合起来，维护工人阶级共同体的利益。

长期以来，美国一直宣扬自己是一个"熔炉"，欢迎世界各地穷人和受压迫人民寻求更美好的生活，但现实情况却大不相同。因为美国是建立在美洲印第安人的流离失所、种族灭绝，对非洲人的奴役及对移民工人的无情剥削之上的。对美国统治阶级而言，移民问题从来不是一个人道主义问题，而是一个寻找廉价劳动力供应的问题。奴隶制把移民工人供应给南方种植园，契约奴役和后来的"自由劳动"又迫使其向北方迁移。移民提供给美国"自由劳动力"，但他们一直受到各种法律的限制，以确保其廉价和顺从的地位。移民工人被用作廉价劳动力的途径是：移民法赋予他们二等公民的身份。利用监禁和驱逐，胁迫移民不能组织起争取更高工资、更好条件的社会运动①。移民劳工在经济繁荣时期受到欢迎，在萧条时期成为替罪羊。中国移民曾在美国西部修建铁路时历经艰辛，但最终成为种族主义大屠杀和1882年《排华法案》（Chinese Exclusion Act）的受害者。20世纪初，南欧和东欧的数百万移民促进了美国资本主义在繁荣，但在《移民排他法案》（Immigration Exclusion Act）通过之后又被抛弃。20世纪20年代，100万墨西哥人被鼓励来美国从事铁路和农业工作，但在大萧条来袭时却成了受害者，被驱逐出境②。

因此，美国并不是移民的天堂。美国国际社会主义组织同情

①　Paul D'Amato, "Where We Stand", ISO Education Department. （Nov. 12, 2017）, https：//www. internationalsocialist. org/wp-content/uploads/2017/12/Where-We-Stand-Nov2017. pdf. p. 28.

②　Paul D'Amato, "Where We Stand", ISO Education Department. （Nov. 12, 2017）, https：//www. internationalsocialist. org/wp-content/uploads/2017/12/Where-We-Stand-Nov2017. pdf. p. 28.

美国移民的遭遇,因为大部分移民都是来自世界各地的工人,是工人阶级重要组成部分。既然坚持国际主义,美国国际社会主义组织认为就要支持美国移民工人①。

(二)坚持国际主义将移民工人联合起来

资本主义竞争分裂工人,而国际主义可以将美国移民工人联合起来抵御资本主义。美国资本家迫使本土工人与移民工人为工作相互竞争,可以使雇主能够通过相对较低的工资成本以获取最大利润,也能帮助统治阶级在工人之间制造仇恨、分化和对立,使其不能联合②。美国本土工人可能会认为排斥、歧视移民工人会对他们有好处,但现实是,当资本家能够伤害一部分工人阶级时,那么伤害另一部分工人阶级就会变得更容易。因此,克服资本家使用竞争分裂工人的唯一办法就是让不同国家、种族、语言的移民工人联合起来;与此同时"改善最受压迫、最受剥削的工人的生活条件,而不是把他们当作替罪羊"③。美国国际社会主义组织认为,以国际主义捍卫移民工人权利是对抗美国资本主义剥

---

① Paul D'Amato, "Where We Stand", ISO Education Department. (Nov. 12, 2017), https://www.internationalsocialist.org/wp-content/uploads/2017/12/Where-We-Stand-Nov2017.pdf. p. 27.

② 反移民也有政治因素。第二次世界大战期间,德国移民、日本移民面临骚扰和歧视。20世纪10年代末,反移民种族主义在劳工运动中掀起了反对左派的浪潮。在1919年至1921年著名的帕尔默突袭(Palmer Raids)行动中,数千名激进移民被捕并被驱逐出境。而9·11事件后的仇外情绪,也使阿拉伯和穆斯林移民面临被骚扰和驱逐出境的威胁。这些政策虽然针对的是工人阶级的某些阶层,但也有可能得到更广泛的应用。这种歧视的作用是通过创造一种仇恨、不信任和恐惧的气氛,使左派中立化,因为左派是团结和反对压迫斗争的推动者。在过去的几年里,数以百万计的非法移民面临着美国历史上最严厉的惩罚。家庭被拆散,数以万计的人被监禁,还有更多的人被驱逐出境。实际上这些人只是为了可怜的工资而努力工作。雇主面临的只是象征性、偶尔性的罚款。

③ Paul D'Amato, "Where We Stand", ISO Education Department. (Nov. 12, 2017), https://www.internationalsocialist.org/wp-content/uploads/2017/12/Where-We-Stand-Nov2017.pdf. p. 29.

削的有效途径，而这需要移民工人的团结和联合①。

四　坚持国际主义须破除种族主义

美国国际社会主义组织认为，美国资产阶级利用种族主义渲染不平等，以此分裂工人阶级，巩固资本家对工人的剥削。而工人阶级只有克服种族主义，才能站在国际主义立场上反对资本主义。

美国资产阶级宣扬种族主义是为了防止被剥削的人们发现其与他人的共同利益，进而削弱被压迫阶级团结起来反抗统治阶级的意识和能力。"奴隶主们……通过煽动贫穷的、辛勤劳动的白人对黑人的敌意，成功地使白人和黑人一样成为奴隶。"② "在美国，只要南方的白人劳工被诱导认为，宁愿贫穷也不愿与黑人平等，那么南方工人联合起来反对资本家的运动就不可能进行下去。"③ 种族主义存在的原因很简单，那就是它可以提高资本主义的剥削程度。美国资本家强调种族因素，使其得到多数白人劳工的支持，使剥削黑人劳工成为可能。尽管自 20 世纪 60 年代以来，美国许多法律形式上的种族歧视已经消失，但非洲裔美国人仍然是"二等公民"，面临着比白人高得多的失业率和贫困率。显然，种族主义带来了不平等，影响公平正义。

因此，工人阶级如果不能反抗种族主义等一切形式的压迫，就永远不能建立起国际主义联合，获得解放。工人阶级只有使内

---

① Paul D'Amato, "Where We Stand", ISO Education Department. （Nov. 12, 2017）, https：//www. internationalsocialist. org/wp-content/uploads/2017/12/Where-We-Stand-Nov2017. pdf. p. 30.

② 引自 Paul D'Amato, "Where We Stand", ISO Education Department. （Nov. 12, 2017）, https：//www. internationalsocialist. org/wp-content/uploads/2017/12/Where-We-Stand-Nov2017. pdf. p. 33。

③ 引自 Paul D'Amato, "Where We Stand", ISO Education Department. （Nov. 12, 2017）, https：//www. internationalsocialist. org/wp-content/uploads/2017/12/Where-We-Stand-Nov2017. pdf. p. 33。

部任何成员都不遭受种族主义的歧视和剥削之后才能真正完全解放自己。工人阶级要想实现国际联合挑战资本主义,必须克服种族主义。换句话说,只有在此基础之上,工人才能认识到阶级内部分歧和不平等的根源,并制定出克服这些分歧和不平等的战略,与世界工人阶级建立联系,推动社会主义前进。

第 四 章

美国国际社会主义组织的
理论评析

美国国际社会主义组织是美国左翼中的社会主义团体，它的理论主张主要基于马克思主义以及经典作家的阶级斗争理论。美国国际社会主义组织在理论建构中形成的理论主张具有重要意义，但也存在局限性，应当注意。

第一节　理论基础：马克思主义

不管是成立以来的政治实践，还是一系列的理论探索，美国国际社会主义组织的成长都离不开马克思主义。美国国际社会主义组织的理论家和领导者都深受马克思主义的影响，比如美国社会主义活动家、美国新左派运动先驱、《卡尔·马克思革命理论》4 卷本（*Karl Marx's Theory of Revolution*，4 – volume）的作者哈尔·德雷珀（Hal Draper）[①]，哥伦比亚大学教授兼《国际社会主义评论》常务主编保罗·达马托，美国历史学家、匹兹堡拉罗什大学教授、文理学院院长保尔·莱·布朗克，美国历史学家、杜克大学教授南希·麦克林，等等。他们接受的都是马克思主义的

---

① Ernest Haberkern，"Introduction to Hal Draper"，马克思主义文库，https：//www. marxists. org/archive/draper/biog/intro. htm，2004 年 9 月 26 日。

理论教育,并且对美国国际社会主义组织的指导思想产生重要影响。而美国国际社会主义组织的理论主要采撷马克思主义的阶级斗争理论,不断寻找替代资本主义的可行方案,并探索美国社会主义的发展道路。

一 马克思主义作为科学的理论

美国国际社会主义组织的理论核心和政治实践都是基于马克思主义这一科学。美国国际社会主义组织认为,在一个基于剥削和压迫的资本主义社会,不可能有公正的社会科学,期待社会科学在资本主义社会变得完全公正,就像期待企业降低资本利润提高工人工资一样天真。常识告诉人们,科学就是真理,真理就是公正,但只有当你站在被压迫、被剥削者的一边,在改变世界的斗争中,才有可能认识到什么是真正的公正[1]。美国资产阶级科学理论告诉人们,人之所以不能成功是因为不够努力。他们从不会让人们认识到贫穷的原因在于资本主义的剥削。因此,美国国际社会主义组织强调,科学也有"资""社"之分。资本主义科学的目的只是证明它们的合法性,而不是改变资本主义社会的贫富差距和不平等关系。美国工人阶级和社会主义团体需要的不是这样的科学,而是马克思主义[2]。

马克思主义揭开了资本主义剥削及导致"贫者愈贫、富者愈富"社会分化的制度根基,使广大人民和美国国际社会主义组织拥有了认识和改造世界的武器。在资产阶级科学理论捍卫雇佣劳动及工资奴役的情况下,美国左翼组织必须举起马克思主义伟大旗帜废除剥削制度[3]。

而马克思主义能够成为科学,美国国际社会主义组织认为,

---

① Paul D'Amato, *The Meaning of Marxism*, Chicago：Haymarket, 2014, p. 7.

② Paul D'Amato, *The Meaning of Marxism*, Chicago：Haymarket, 2014, p. 8.

③ Paul D'Amato, *The Meaning of Marxism*, Chicago：Haymarket, 2014, p. 9.

是因为马克思主义是建立在辩证唯物主义和唯物辩证法之上的。美国国际社会主义组织坚持将马克思主义的辩证唯物主义和唯物辩证法作为政治实践的指导方法，并反对思想决定现实的唯心主义观点，有意识地将精力放在现实世界的运动之上，而不是仅仅用头脑构建未来世界①。有人认为，人们被淹没在水中，只是因为他们被重力的想法所困，如果他们能从这个概念中脱离出来，那么他们就可以避免溺水。这种幽默反映了一个逻辑，那就是想法可以帮助人类摆脱物质世界规律的束缚。但明显的是，人们单凭意志力无法做到这一点。因此，美国国际社会主义组织并不相信仅仅改变思想就能改变社会这种简单化的想法，这也是它一再强调阶级斗争实践的重要原因。

进一步讲，唯心主义理论并不利于我们改造世界，因为它不是与现实世界对抗，而是与某种观念对抗。我们只有从辩证唯物主义出发，才能正确认识事物的本质及规律。美国国际社会主义组织的理论家认识到了这一点，以此作为自己的分析方法和实践指南。而这也使得美国国际社会主义组织的理论家不同于那些完全沉迷于书本的学术左翼，他们不仅谈论马克思主义理论而且参与社会主义实践②。另外，美国国际社会主义组织还将唯物辩证法作为理解美国社会矛盾及社会发展方向的不二法则③。因为唯物辩证法是关于如何看待世界、如何改变世界的方法。美国国际社会主义组织的理论家在政治理论、学术文章、学术会议中反对形而上学，坚持用马克思主义辩证法，分析美国政治事件以及美国社会主义运动中的诸多问题④。其认为唯物辩证法承认事物在

---

① Paul D'Amato, "Why Was Marx a Materialist?", *Socialist Worker*, Oct. 28, 2011.

② Paul D'Amato, "Why Was Marx a Materialist?", *Socialist Worker*, Oct. 28, 2011.

③ Eric Ruder, "The Dialectic and Why It Matters to Marxism", *Socialist Worker*, July 09, 2015.

④ Eric Ruder, "The Dialectic and Why It Matters to Marxism", *Socialist Worker*, July 09, 2015.

数量上的变化可能在某一时间点让位给质的飞跃,并且任何事物都有暂时的稳定和突然的改变。而这里的飞跃和改变必然是一种质的革命,美国国际社会主义组织也借此认为,美国资本主义不可避免地产生,也将不可避免地消亡,美国将会在革命性的质变中进入社会主义。

二 马克思主义历史观作为理解社会发展的钥匙

美国国际社会主义组织指出,马克思主义历史观,即唯物史观,是理解人类社会发展前途和规律的钥匙,是其政治理论和实践的引导。唯物史观的价值,不仅在于它可以解释世界,更重要的是它可以帮助人们更好地改造世界①。

唯物史观让美国国际社会主义组织认识到,人类社会发展的每个阶段都有相应的生产力和生产关系的矛盾出现,这样的矛盾一旦形成,社会就开启了一个新的社会变革时期。但社会革命并不能仅仅依靠生产力与生产关系之间的矛盾演变来推动,它还需要发挥人的主观能动作用。美国国际社会主义组织十分注重人的作用,特别是人改造世界的作用,这是它的官方报纸《社会主义工人报》头版标语反复借用马克思《关于费尔巴哈的提纲》那句名言的重要原因。人们自己创造自己的历史,人类有意识的创造和干预,将影响人类社会发展方向。那么,美国资本主义的社会变革方向由谁推动呢? 美国国际社会主义组织的理论认为,必须是美国的工人阶级。因为它既不奢求美国资产阶级的仁慈,也不寄希望于美国工会官僚的政治行动。只有那些代表广大人民群众利益的工人阶级政党,才能集中力量消灭资本主义。

---

① Phil Gasper, "Marx's Materialist Conception of History Revisited", *International Socialist Review*, No. 2, 2018.

三　马克思主义经济学作为认识资本主义经济危机的工具

马克思主义经济学的正确性在数次经济危机中得到了检验，因此，美国国际社会主义组织始终将其作为认识资本主义危机的重要理论工具①。美国国际社会主义组织相信"资本主义生产——实质上就是剩余价值的生产，……剩余劳动的吮吸"②。资本主义对工人的剥削主要源于它对剩余价值（利润）的追求。但过度追求利润和财富，往往导致生产过剩，并引起资本主义经济危机。因此，美国国际社会主义组织一再批判资本主义利润优先的市场原则，在理论主张中强调生产的首要目的是满足人的需要，而不是市场的需求③。

也就是说，美国国际社会主义组织认为，资本主义供求关系与人类的需要没有必然的联系，因为产品生产由资本利润决定，而不是人的需要决定。对利润的极度渴望必定要求商品的大量生产，然而，当过剩的产能超出市场吸收能力的时候，经济危机就开始出现了。首先是生产部门停滞，其次是销售部门关闭，最后是银行和其他信贷机构拒绝发放新的贷款，企业破产④。经济危机可以是温和的也可以是严酷的，这取决于它的持续时间。经济危机引发生产和分销网络不断重组，以及政府和中央银行的大规模干预。美国资本家会得到政府提供的救急资金，但政府也会大幅削减养老金、社会福利等公共开支。国家干预虽然可以缓解经济危机的症状，但不能消除经济危机的深层机制。而且，如今的经济危机已经不是一个国家的危机，而是整个世界市场的危机。因此，资本主义的缺陷只有在全世界被消除之后，经济危机才能

---

① Phil Gasper, "Marx's Materialist Conception of History Revisited", *International Socialist Review*, No. 2, 2018.

② 《马克思恩格斯文集》第 5 卷，人民出版社 2009 年版，第 307 页。

③ Paul D'Amato, *The Meaning of Marxism*, Chicago: Haymarket, 2014, p. 21.

④ Paul D'Amato, *The Meaning of Marxism*, Chicago: Haymarket, 2014, p. 23.

被完全克服。这也是美国国际社会主义组织理论多次强调坚持国际主义，联合对抗国际资本主义的重要出发点①。

四 马克思主义政治学作为实现社会主义的指南

美国国际社会主义组织认为，即使资本主义内部的物质条件已经成熟，社会主义也不会自动到来。因为社会主义的发展需要工人阶级组织起来，用马克思主义政治学实现这种变革。而美国国际社会主义组织的理论主张主要基于马克思主义政治学的阶级分析方法和阶级斗争理论②。

阶级分析方法是马克思主义政治学说的基础，也是美国国际社会主义组织进行政治分析的理论钥匙。美国国际社会主义组织认为，对于美国工人阶级而言，政治就是反对资产阶级并争取工人阶级解放的学说和运动。如果离开阶级抽象地考察政治，就抓不住美国社会问题的根本，也解决不了现实问题。因为经济生产中的剥削与被剥削关系，在政治上又表现为阶级的压迫与被压迫关系。如果工人阶级要在经济中获得解放，就必须先在政治上得到解放。另外，只要阶级存在，便会出现不同的经济利益和矛盾冲突。这些矛盾冲突的解决必然是阶级斗争发展为对统治权力的争夺③。

美国国际社会主义组织参与政治斗争的方案是唤醒美国工人的阶级意识，并联合工人阶级建立社会主义政党，通过阶级斗争最终消灭资本主义剥削及阶级本身。阶级斗争是马克思主义实现社会主义的方法，也是美国国际社会主义组织在美国实现社会主义的主要路径。值得注意的是，美国国际社会主义组织强调阶级斗争，但也不排除通过选举夺取政权的可能性。另外，它当然承

---

① Paul D'Amato, *The Meaning of Marxism*, Chicago：Haymarket, 2014, p. 23.
② Paul D'Amato, *The Meaning of Marxism*, Chicago：Haymarket, 2014, p. 108.
③ Paul D'Amato, *The Meaning of Marxism*, Chicago：Haymarket, 2014, p. 110.

认美国工人阶级在美国现有体制内进行罢工斗争、工会斗争、选举斗争的积极意义，但它始终认为这些斗争只是社会主义运动的辅助手段[①]。美国工人的历史地位决定了他们只有通过彻底的斗争才能实现社会主义并解放自己。

第二节　理论来源：经典作家的革命理论

美国国际社会主义组织的理论的最大特征就是其鲜明的革命性，而它的理论主张的很多内容都来源于经典作家的革命理论。对革命理论的坚持也使它在许多发达国家的左翼组织选择改良主义的情况下继续坚持革命。它主要继承了它所说的"马克思主义巨人"的理论，除马克思和恩格斯以外，主要包括：罗莎·卢森堡、列宁以及它的创始人哈尔·德雷珀的革命学说。

一　继承罗莎·卢森堡的革命理论

（一）罗莎·卢森堡历史定位

在分析这些"巨人"之前，必须先澄清其历史地位。因为一个人的历史评价，将影响公众对他的判断，进而影响人们或者学界对将其理论作为指导思想的社会主义团体的评价。卢森堡以前的历史定位、历史评价与列宁的批判有关。由于列宁在中国的历史地位很高，并且很多理论争论问题并没有得到解决，这就导致一种状况：只要罗莎·卢森堡与列宁争论的，罗莎·卢森堡都是错误的。然而，从今天的角度看，这种简单化的判断是"很不公允的"[②]。因为卢森堡与列宁之间的理论争论对社会主义运动发展十分必要，他们都是"为了在世界历史的新阶段坚持和发展马克

---

① Phil Gasper, "Marx's Materialist Conception of History Revisited", *International Socialist Review*, No. 2, 2018.

② 吴昕炜：《罗莎·卢森堡著作的研究和出版》，人民出版社 2017 年版，第 90 页。

思的学说"①。尽管卢森堡的理论和实践不止一次受到过怀疑，但是在 21 世纪西方资本主义经济危机之后，她的思想仍然蕴含着生机活力。无论是在美国新左派论坛、社会主义大会，还是罗莎·卢森堡基金会和国际罗莎·卢森堡学会，抑或是英国每年一度的历史唯物主义年会，他们都将罗莎·卢森堡作为研究重点，而他们对这位马克思主义者的研究不仅仅是为了回顾过去，更是为了面对现实，解决当代世界社会主义面临的难题。

中国学术界对卢森堡的历史定位经历了不同的历史阶段。在 1919 年至 20 世纪 50 年代，她得到很高的评价；但是在 20 世纪 50 年代至 90 年代，中国学界受到苏联的影响，没有对其开展实质性的学术研究；在 20 世纪 90 年代至今，中国学界又开始严肃认真研究卢森堡的理论思想，并将她的著作的整理、翻译与研究列为国家社科重大招标项目立项。如今，中国学界对卢森堡的历史定位是持肯定性评价的，因为在马克思主义史和社会主义发展史上，她是最为重要的人物之一。她的理论、著作、思想不仅对中国学者带来了积极影响，而且对当今世界社会主义运动的发展，包括美国社会主义及美国国际社会主义组织的发展都起到了促进作用。而卢森堡众多理论中，其革命理论对美国国际社会主义组织理论家的影响是最大的②。

（二）罗莎·卢森堡的革命理论

罗莎·卢森堡革命理论对美国国际社会主义组织的理论主张，特别是在改良主义和工会局限批判的理论支撑方面起到积极作用。具体来讲，卢森堡革命理论是对德国社会民主党改良主义的批判。第二国际时期，以伯恩施坦为代表的德国社会民主党人主张通过社会改良实现社会主义。因为他们认为随着资本主义的发

---

① 吴昕炜：《罗莎·卢森堡著作的研究和出版》，人民出版社 2017 年版，第 3 页。

② Helen Scott, "Rosa Luxemburg: in the Storm of Struggle", *International Socialist Review*, No. 2, 2008.

展，它已经拥有强大的适应能力；另一方面，一大批无产阶级成为中产阶级，使社会更具稳定性；工会斗争使无产阶级经济政治地位逐步提高，工人革命性降低，资本主义崩溃越来越不可能实现。虽然卢森堡并不赞同伯恩斯坦等人的理论，但不得不说这种判断的确是基于资本主义变化得出的结论。然而，如果将资本主义顽强的生命力作为放弃斗争策略的支撑，那么这无疑和科学社会主义的思路存在根本的矛盾。卢森堡认为，科学社会主义建立在资本主义三个后果之上。一是资本主义生产无政府状态与经济危机；二是资本主义生产社会化进程为未来社会创造制度基础；三是资本主义社会造就无产阶级的组织性和革命性。卢森堡坚信，伯恩斯坦改良主义不能铲除科学社会主义的理论根基；伯恩斯坦基于工会斗争限制资本权力及推进国家政治民主化的改良主义不能在没有消除资本剥削逻辑的情况下实现社会主义①。

卢森堡特别驳斥了伯恩施坦通过工会走向社会主义的观点，因为卢森堡认为，工会只能够为工人按照市场行情争取更高的工资，但"不能消除工资规律"，更不能消除资本对工人的剥削。就是说，工会的斗争仅仅是调节资本主义剥削，并不能消除剥削。另外，卢森堡还认为所谓的社会监督、限制资本权力及资本主义国家的政治民主化都不能触及资本主义剥削制度。相反，这些改良措施在实现真正的社会主义道路上筑起了高墙，"这堵墙靠社会改良和民主的发展是打不通的，……要打垮这堵墙，只有靠革命的铁锤"才能实现②。从这些论述来看，可以发现，美国国际社会主义组织的理论主张继承了卢森堡的革命思想。它们都相信，社会改良及工会斗争无非是给资本主义的伤口贴膏药，试图通过这种方法实现社会主义不过是一种空想。要真正实现社会主义，放弃阶级斗争等革命手段不行的，没有一个先锋队引导工

---

① 李宗禹编：《卢森堡文选》，人民出版社 2012 年版，第 20 页。
② 李宗禹编：《卢森堡文选》，人民出版社 2012 年版，第 31 页。

人阶级进行斗争也是不行的。

（三）美国国际社会主义组织继承了罗莎·卢森堡革命理论

卢森堡不仅将社会革命作为社会主义运动的目的，还将其作为实现社会主义的手段。她的理论不仅对美国国际社会主义组织的工会理论、阶级斗争理论的形成带来积极影响，还对其如何认识美国资产阶级改良主义起到了引导作用。保罗·勒·布朗是美国国际社会主义组织理论家，也是该组织政治理论的主要制定者。他十分赞同卢森堡的理论，反对德国社会民主党的改良主义，指出美国工人阶级要摆脱资本主义，根本的是要通过社会运动重建秩序①。

布朗强调美国的社会现实是野蛮战胜了社会主义，"野蛮的胜利似乎更符合当前的事实"②。他指出 21 世纪美国经济危机伴随着不可思议的病态政治："国家领导层志得意满、不负责任、贪污腐败、心狠手辣"，呼吁资本利益至上，让劳动阶级不断为食利者及待遇丰厚的喉舌们打工③。数百万美国人，包括很多美国工人非但不反对，反而赞成甚至欢呼资本利益至上的观点，要求执行右翼主张。许多工人不采取行动，有的甚至对右翼政策十分狂热；许多工人不关心同伴的遭遇，甚至希望社会主义者放弃社会主义运动，使工人仍然困于剥削压迫之中④。但并不意味着，

----

① ［美］保罗·勒·布朗：《罗莎·卢森堡与最后的斗争：现在不是迈向社会主义就是在野蛮中灭亡？》，马克思主义文库，https：//www. marxists. org/chinese/rosa-luxemburg/mia-chinese-rosa-paul-le-blanc－20200424. htm，2020 年 4 月 24 日。

② ［美］保罗·勒·布朗：《罗莎·卢森堡与最后的斗争：现在不是迈向社会主义就是在野蛮中灭亡？》，马克思主义文库，https：//www. marxists. org/chinese/rosa-luxemburg/mia-chinese-rosa-paul-le-blanc－20200424. htm，2020 年 4 月 24 日。

③ ［美］保罗·勒·布朗：《罗莎·卢森堡与最后的斗争：现在不是迈向社会主义就是在野蛮中灭亡？》，马克思主义文库，https：//www. marxists. org/chinese/rosa-luxemburg/mia-chinese-rosa-paul-le-blanc－20200424. htm，2020 年 4 月 24 日。

④ ［美］保罗·勒·布朗：《罗莎·卢森堡与最后的斗争：现在不是迈向社会主义就是在野蛮中灭亡？》，马克思主义文库，https：//www. marxists. org/chinese/rosa-luxemburg/mia-chinese-rosa-paul-le-blanc－20200424. htm，2020 年 4 月 24 日。

美国所有工人阶级都丧失了斗争性，美国仍有许多工人坚持马克思主义立场，反对当权者的压迫。工人阶级的心理也是多变的，它有可能死一般寂静，也有可能像风暴一样咆哮；既可能卑微懦弱，也有可能迸发出豪迈的英雄主义。这也是为什么美国国际社会主义组织的政治理论要求政党培养和吸纳"先锋队"引导工人阶级斗争的重要原因。另外，布朗还借卢森堡对工会的批判在美国国际社会主义组织的理论主张中对美国工会官僚主义进行了分析。他认为美国工会官僚挫败了工人阶级斗争积极性并误导至改良主义，成为社会主义的障碍。工人应当清醒地认识到，工会只能争取一个合适的剥削程度，但并不能使其免于剥削①。

美国国际社会主义组织政治纲领另一名起草者达马托则肯定了工会维护工人工资，团结、发动工人罢工解决经济问题的积极意义，但他同样指出美国工会官僚主义的局限，导致美国工会大多数反对资本家的运动只是对抗资本主义制度的消极影响，并没有改变资本主义制度本身。就是说，没有将经济斗争转向政治斗争。与此同时，由于他们没有将工人有组织的力量作为工人阶级解放的杠杆，因此工会也无法废除雇佣劳动剥削制度。所以，美国国际社会主义组织的理论认为，工人要想彻底摆脱剥削，还得走阶级斗争的道路。走这样的道路就得建立具有领导力的政党。因为"只有知道如何领导……的政党，才能够在疾风骤雨中赢得支持"②。美国需要的是这样的政党，美国国际社会主义组织也致力于发展成为这样的政党。

总之，美国国际社会主义组织吸收了它所称之为的马克思主

①　[美]保罗·勒·布朗：《罗莎·卢森堡与最后的斗争：现在不是迈向社会主义就是在野蛮中灭亡？》，马克思主义文库，https：//www. marxists. org/chinese/rosa-luxemburg/mia-chinese-rosa-paul-le-blanc－20200424. htm，2020 年 4 月 24 日。

②　[美]保罗·勒·布朗：《罗莎·卢森堡与最后的斗争：现在不是迈向社会主义就是在野蛮中灭亡？》，马克思主义文库，https：//www. marxists. org/chinese/rosa-luxemburg/mia-chinese-rosa-paul-le-blanc－20200424. htm，2020 年 4 月 24 日。

义巨人——卢森堡的革命理论,美国国际社会主义组织革命理论
都带有卢森堡革命理论的因素。美国国际社会主义组织也对卢森
堡的思想、理论和历史进行了扎实的学术研究,出版了学术专著
《罗莎·卢森堡要论——改良、革命和群众罢工》(*The Essential
Rosa Luxemburg*:*Reform or Revolution and the Mass Strike*)、《活着的
火焰——罗莎·卢森堡革命激情》(*Living Flame*:*The Revolutiona-
ry Passion of Rosa Luxemburg*)、《罗莎·卢森堡传》(*Rosa Luxem-
burg*)等,这都推动了对美国国际社会主义组织政治理论以及社
会主义实践的发展。

二 列宁革命理论作为"重要支撑"

(一)列宁的历史地位

列宁领导十月革命,建立了世界上第一个由马克思主义政党
领导的社会主义国家,结束了资本主义独占天下的局面,为落后
国家的社会主义运动树立了榜样,为社会主义从一国到多国的发
展及社会阵营的建立奠定了基础。而列宁主义也为中国乃至世界
的无产阶级战胜封建阶级、资产阶级走向社会主义、实现解放提
供了方法,推动了中国和世界的社会主义进程。2020 年是列宁诞
辰 150 周年,中国学界及国际学术界以各种方式纪念列宁对社会
主义发展作出的重大贡献。许多世界左翼组织出版了大量专著纪
念、回顾列宁的思想,认为他是"1917 年十月革命的首席理论
家,是苏维埃共和国最重要的领导人"[1]。列宁的历史地位是无可
争辩的,而他的思想理论自十月革命以后就影响着世界社会主义
运动的发展进程。美国国际社会主义组织及其理论家也深受列宁
主义的影响,可以说,列宁对美国国际社会主义组织的政治理
论、制度设计,甚至社会主义实践都起到了积极的引导作用。

---

[1] "Lenin 150", The Tricontinental, (April 22, 2020), https://www.thetricontinental.
org/books-lenin150/.

（二）列宁的革命理论

美国国际社会主义组织政治理论的制定者达马托认为，列宁和马克思、恩格斯一样都不是仅局限于书斋的空想者，而是勇于为没有剥削、压迫世界而战的革命家①。列宁十分注重革命实践，因为这是理论经验总结的前提，有时候它比理论更有益②。要改变世界，就必须了解世界是如何运作的，必须从过去的革命斗争中学习革命经验、革命思想，以充分使用社会变革的有效杠杆。

"没有革命的理论，就不会有革命的运动"③，理论会对社会主义运动起到指导作用。列宁的革命理论著作很多，但美国国际社会主义组织理论家达马托表示，《国家与革命》才是列宁革命理论的经典表达，他每次重读这本著作，都能够根据新的经验学习到一些新的东西④。

美国国际社会主义组织的政治理论也来源于列宁的《国家与革命》。列宁在这部著作中，系统地阐述了马克思、恩格斯关于国家问题的基本原理及其发展过程，论证了无产阶级通过革命打碎资产阶级国家机器，建立无产阶级专政的必要性。当然，它还有一个目的就是批驳社会主义运动中的机会主义，指明马克思主义同机会主义最本质的差别在于是否承认无产阶级革命打碎资产阶级国家机器，建立社会主义政权的可能性与合法性。

（三）列宁革命理论作为美国国际社会主义组织政治理论的重要支撑

美国国际社会主义组织也被许多美国左翼称为列宁主义组织，因为他们认为美国国际社会主义组织无论是在组织结构上还是政治理论上都深受列宁主义的影响。具体而言，美国国际社会主义

---

① Paul D'Amato, *The Meaning of Marxism*, Chicago：Haymarket, 2014, p. 22.
② 《列宁全集》第 31 卷，人民出版社 2017 年版，第 116 页。
③ 《列宁全集》第 1 卷，人民出版社 2017 年版，第 23 页。
④ Paul D'Amato, *The Meaning of Marxism*, Chicago：Haymarket, 2014, p. 22.

组织一方面坚持了列宁的民主集中制原则，虽然这一原则在组织发展后期发生了异化，这一点笔者在其解散原因的分析中已经提及；另一方面，美国国际社会主义组织继承了列宁的党建思想，将自己作为社会主义运动的先锋党，它相信真正的社会主义政党和先锋队不是自称先锋队的人，而是来源于工人阶级中的一部分[1]。

实际上，列宁主义对美国社会主义运动的爆发和发展都产生过影响。20 世纪初许多美国社会主义组织都是通过列宁领导的十月革命开始接触社会主义的，而美国国际社会主义组织的政治思想也部分来自列宁的革命理论[2]。

虽然美国反列宁主义者普遍认为，列宁的革命理论已经过时，在美国资本主义国家，这样的理论是行不通的，并且在美国只有通过选举才能掌握国家权力，社会主义组织只有通过选举才能获得合法性，美国国际社会主义组织在一段时间内为了发展，的确也改变过自己的政治策略，通过选举的方式参与美国政治，但美国国际社会主义组织也认识到通过选举及和平的方式，彻底实现社会主义是不可能的，因为历史上许多美国社会主义力量都在选举中失败，并遭受其他力量的背叛。如果将重心放在选举上，那么组织的行动能力将会被削弱。与此同时，组织也不可能集中力量参与推翻现行资本主义剥削制度的权力斗争。

因此，美国国际社会主义组织在利用选举工具的同时，并不放弃革命。认为在阶级矛盾激化的情况下，与资本主义决裂，抵制考茨基式的机会主义，利用列宁式的革命斗争以推动社会主义

---

① Paul Le Blanc, "What Happened to the International Socialism Organization", URPE, (May 26, 2019), https：//urpe. org/2019/05/26/what-happened-to-the-international-socialist-organization/.

② Paul Le Blanc, "Why I'm Joining the US International Socialist Organization：Intensifying the Struggle for Social Change", (July 14, 2019), http：//links. org. au/node/1323.

变革进程是完全有必要的①。"对于美国国际社会主义组织来说，参与选举是永远不够的"，在 21 世纪美国左翼快速成长的时期，美国"比以往任何时期都需要一个强大的革命左派"；在面临工人阶级独立、国际主义和掌权战略等棘手问题上，美国国际社会主义组织需要的是"更多的列宁主义，而不是更少"②。

至于美国国际社会主义组织的理论与实践是否一致，这是后面需要再讨论的问题。总之，美国国际社会主义组织的政治理论"遵循列宁的思想"③，无论是在政治立场上还是道路的选择上，都带有列宁主义的痕迹。值得注意的是，美国国际社会主义组织同时吸取了卢森堡和列宁的政治理论，这也使得它们在理论上始终坚持阶级斗争传统，将占多数的工人作为能够赢得社会主义斗争的中坚力量，坚信社会主义运动的成功将取决于列宁主义式的工人阶级政党的出现，该党的成员都是工人阶级的先锋队④。

三　坚持德雷珀的"自下而上的社会主义"理论

将美国国际社会主义组织理论溯源仅仅着眼于马克思、恩格斯、卢森堡、列宁是不够的，因为美国国际社会主义组织是美国本土的社会主义组织，它的理论不仅来源于这些经典作家，还来源于美国本土的马克思主义者⑤。而真正对美国国际社会主义组织理论产生决定性影响的是它的创始人——哈尔·德雷珀。德雷

① Juan Cruz Ferre, "We Need More Leninism, Not Less", *Left Voice*, (May 04, 2019), https://www.leftvoice.org/we-need-more-leninism-not-less.

② Juan Cruz Ferre, "We Need More Leninism, Not Less", *Left Voice*, (May 04, 2019), https://www.leftvoice.org/we-need-more-leninism-not-less.

③ Juan Conatz, "Dramatic Intro: The crisis of the Left: What's Really Going in the ISO BOC Debate?", (March 21, 2021), https://libcom.org/article/dramatic-intro-crisis-left-whats-really-going-iso-boc-debate.

④ Riredteacher, "External Bulletin. Le Cadre Du Militant Socialiste", (July 01, 2014), https://externalbulletin.org/2014/07/01/le-cadre-du-militant-socialiste/.

⑤ Alan Maas, Todd Chretien, "The ISO and the Soul of International Socialism", *Socialist Worker*, April 03, 2017.

珀曾在加州伯克利自由言论运动中发挥重要作用,因从事马克思主义思想史的学术研究而闻名。他的重要论断是:社会主义运动史和思想史的各种流派的根本区别在于它是"自上而下的社会主义"(Socialism-from-Above)还是"自下而上的社会主义"(Socialism-from-Below)。而这里的"自下而上"不只是一种研究方法,而且是一种政治战略,一种变革社会的理论武器①。

(一) 哈尔·德雷珀的政治生涯

哈尔·德雷珀原名为哈罗德·杜宾斯基(Harold Dubinsky),1914 年出生于布鲁克林,他的父母是犹太移民。其父塞缪尔·杜宾斯基(Samuel Dubinsky)曾是一家衬衫厂的经理,其母在其父逝世之后经营糖果店维持生计。哈尔·德雷珀是在 18 岁的时候在母亲的坚持下改为现名的,其目的是保护他们在进入职业生涯后免受反犹主义的影响。德雷珀在少年时期加入了美国社会党的青年组织——美国青年社会主义同盟(YPSL),并成为反法西斯主义、反战争、反失业全国学生运动的领导人。德雷珀的政治选择深受他的兄弟——美国历史学家西奥多·德雷珀(Theodore Draper)的影响,西奥多·德雷珀的政治立场是共产主义。在青年社会主义同盟期间,哈尔·德雷珀得到党内成员的大力支持,于1937 年成为青年社会主义同盟的最高领导人。同年,他代表该党宣布支持第四国际。青年社会主义同盟大多数成员支持德雷珀这一决定,但支持这一决定的成员也被美国社会党开除②。1937 年到 1938 年,德雷珀参与组建了美国社会主义工人党。1940 年,由于派别之间不可调和的矛盾,德雷珀和马丁·阿伯恩(Martin Abramowitz)、马克斯·沙克曼(Max Shachtman)、詹姆斯·伯纳

---

① Alan Maas, Todd Chretien, "The ISO and the Soul of International Socialism", *Socialist Worker*, April 03, 2017.

② Christopher Lehmann-Haupt, "Theodore Draper, Freelance Historian, Is Dead at 93", *The New York Times*, Feb. 22, 2006.

姆（James Burnham）一起从美国社会主义工人党分离出来成立了工人党（The Workers Party）。到了 20 世纪 40 年代中期，德雷珀成为工人党的主要理论家。

到 1948 年，美国工人党的领导者认为社会主义浪潮正在消退，鉴于前景不佳，组织应当采取更现实的战略。由于美国工人党的规模和实力并不能称得上"党"，因此工人党更名为独立社会主义联盟。随着组织成员人数减少（尽管其青年工作很活跃），1958 年，以沙克曼为首的领导层决定与美国社会党结盟。尽管德雷珀个人反对该决定，但他还是屈服于多数，不过他也为组织的右倾机会主义趋势感到遗憾。1964 年，德雷珀参与加州伯克利校园的言论自由运动，并在这一时期逐步成为新左派运动的先驱。1968 年，随着独立社会主义联盟的壮大，德雷珀又将其组建为"国际社会主义者"（The International Socialists），并与国际社会主义倾向（The International Socialist Tendency）保持密切联系。1971 年德雷珀离开了这个组织，因为他认为该组织已经成为了一个宗派组织。随后德雷珀开始着重于马克思主义与工人运动的学术研究，并于 1977 年建立美国国际社会主义组织，以摆脱宗派主义的束缚。在德雷珀后期，他已经很少从事和参与政治运动，主要专注于理论创作。他的著作包括五卷本的《卡尔·马克思革命理论》《社会主义的两种灵魂》，他在这些著作中对马克思、恩格斯的理论进行了详细的研究，并用"来自下方的社会主义"或者"自下而上的社会主义"来表达自己的观点。此外，德雷珀还参编了《马克思恩格斯百科全书》三卷木（*Marx-Engels Cyclopedia*，3 – Volume）。而对美国国际社会主义组织理论产生重要影响的，就是他所提倡的"自下而上的社会主义"理论[①]。

---

① Alan Maas, Todd Chretien, "The ISO and the Soul of International Socialism", *Socialist Worker*，April 03，2017.

（二）德雷珀"自下而上的社会主义"理论

"自下而上的社会主义"理论一直是马克思主义学者热议的问题，这种热议也体现在对这一问题的争论之上。争论的焦点在于它是无政府主义还是社会主义。实际上，两者并不相同，因为社会主义强调无产阶级专政和过渡阶段国家存在的必要性。伦敦城市大学高级研究员 A. 麦金太尔（Alasdair MacIntyre）指出，自下而上的社会主义理论与反中央集权的无政府主义并不相同[①]。而德雷珀"自下而上的社会主义"理论是对马克思主义政治理论的坚持和阐发，这一理论是德雷珀的经典理论，得到了美国马克思主义学者的支持。

人类历史上有各种各样的社会主义，但德雷珀认为，社会主义之间最根本的差别就在于它到底是"自上而下的社会主义"还是"自下而上的社会主义"。"自上而下的社会主义"的核心内容在于统治精英将社会主义"交给感激涕零的大众"，而"自下而上的社会主义"则是群众主导社会主义。德雷珀总结了自上而下社会主义的六种形式：博爱主义、精英主义、计划主义、圣人团主义、渗透主义和外源主义。博爱主义将社会主义寄希望于富人和当权者的善心；精英主义称独裁是为了大众的利益，但对下层群众民主运动的镇压毫不留情；计划主义把社会主义降低为有计划的生产，把计划和来自下层的民主诉求分开；圣人团主义强调兄弟、族群或人类团结，将阶级斗争视为洪水猛兽；渗透主义强调推翻资本主义等级社会，以非资本主义等级社会取而代之；外源主义则坚持利用国外社会主义力量帮助本国取得社会主义革命胜利。自上而下的社会主义思想本质上与寡头铁律或精英主义并无显著区别。到底是选择自上而下还是自下而上的社会主义道路，对于知识分子而言只是道义上的，但对工人群众却是具有决

---

① 《马克思主义研究资料》第 23 卷，中央编译出版社 2015 年版，第 163 页。

定意义的。因为工人群众只有通过斗争去反对那些嘲弄他们的压迫者，才有机会掌权；只有通过斗争去掌握民主的权利，才能获得执掌政权的能力。在任何国家，只要选择任何一种形式的自上而下的社会主义道路，都是选择了旧世界，选择了"旧皮囊"，只有选择自下而上的社会主义道路才是选择了一个新世界①。

（三）将德雷珀"自下而上社会主义"理论作为开展美国社会主义运动的行动指南

德雷珀自下而上社会主义理论是战后美国许多社会主义组织或马克思主义者的理论或行动指南。它直接对战后左翼的政治理论和行动策略造成影响，特别是美国社会主义工人党、英国社会主义工人党及其下属组织"国际社会主义者"和遍布许多发达国家的"国际社会主义倾向"。英国社会主义工人党领导的一个组织就叫"自下而上的社会主义"，它成立于 1997 年；"国际社会主义倾向"超 30 个国家的成员组织（美国国际社会主义组织也曾是国际社会主义倾向的成员）都以自下而上社会主义理论为核心。美国"国际社会主义组织并不是唯一一个借鉴德雷珀自下而上社会主义理论的组织，今天仍有许多这样的组织存在"②。

德雷珀是美国国际社会主义组织的创建者，他的"自下而上社会主义"理论直接影响着组织的理论构建和运动实践。美国国际社会主义组织也自称代表了"哈尔·德雷珀自下而上社会主义这一理论传统"③，它的"第一批成员都受到了德雷珀理论的影响"④，"如果说德雷珀自下而上社会主义在今天有什么意义的话，

---

① ［美］哈尔·德雷珀：《社会主义的两个灵魂》，马克思主义文库，https：//www. marxists. org/chinese/reference-books/mia-chinese-hal-draper－1966. htm#9，2020 年 7 月 25 日。

② Alan Maas, Todd Chretien, "The ISO and the Soul of International Socialism", *Socialist Worker*, April 03, 2017.

③ Alan Maas, Todd Chretien, "The ISO and the Soul of International Socialism", *Socialist Worker*, April 03, 2017.

④ Alan Maas, Todd Chretien, "The ISO and the Soul of International Socialism", *Socialist Worker*, April 03, 2017.

那就是它不断提醒人们如何才能成为自身解放的推动者"①。进入21世纪,美国国际社会主义组织仍然坚信,社会主义的实现仍然需要自下而上的社会运动。这不仅是源于对其他自上而下社会主义的批判反应,还源于美国共和党和民主党的改革并没有改变资本剥削劳动这一事实。美国国际社会主义组织不寄希望于美国上层的改革,试图通过工人阶级政党的"直接行动来实现变革"②。美国国际社会主义组织认为,在21世纪的美国,虽然社会主义理论多了起来,但是真正能改变工人阶级处境的理论仍然是少数。因为社会民主主义已经放弃将社会主义作为追求目标,社会民主党仅有的贡献就是提供了政府管控资本主义的方案。只有"自下而上"的政治理论才能鼓励工人阶级思考自己的处境,实现自下而上的社会主义并不容易,它要求工人阶级的团结斗争③。

得益于德雷珀自下而上社会主义对国家的批判,美国国际社会主义组织并不相信美国资产阶级政权会赋予美国工人自由、平等、民主的权利。美国国际社会主义组织认为,只有美国工人阶级变革资产阶级国家政权,才能行使国家权力实现社会主义,将国家机器改造为可以为工人阶级谋利益的工具。美国工人阶级必须建立起自己的国家,工人阶级的利益必须自己去争取。国家对于工人阶级是重要的,因为它包含管理反动阶级的国家机器。如果工人阶级不利用国家规制资产阶级,那么反过来,资产阶级也会毫不客气地利用国家残酷地对待工人阶级。另外,美国国际社会主义组织认为,工人阶级要走自下而上的社会主义道路,不能依靠其他阶级的领导,必须由自己本阶级的成员担任领导层和先锋队。自下而上社会主义的信奉者与那些相信在资本主义国家当

①　Dan Swain, "Socialism Still Comes from Below", *Socialist Worker*, July 16, 2015.

②　Dan Swain, "Socialism Still Comes from Below", *Socialist Worker*, July 16, 2015.

③　Alan Maas, Todd Chretien, "The ISO and the Soul of International Socialism", *Socialist Worker*, April 03, 2017.

权可以逐步推进社会主义建设的理论家不同，他们相信自由、民主、平等只能依靠自己的双手争取，社会主义解放运动只能依靠自己成为变革的主体和历史舞台的主角才能完成。美国国际社会主义组织不仅将自下而上的社会主义理论当作指南，也将其作为政治实践的指导[①]。美国国际社会主义组织不希望像空想社会主义一样局限于社会实验，它要做的是带领工人阶级取得政治斗争的胜利，在取得社会主义运动胜利之后继续推动经济政治社会改革。

第三节　理论的主要意义

美国国际社会主义组织在长期的探索中形成的理论主张具有重要意义。它不仅回击了美国政府对马克思主义理论研究的压制，为社会主义占领了一席之地，而且深化了人们对美国资本主义的认识。

一　冲破了美国政府对马克思主义理论研究的压制

20世纪30年代开始，马克思主义研究及课程开始进入美国高校。20世纪40年代，美国已经出现一大批马克思主义研究的报刊。然而，20世纪50年代，特别是冷战开始以后，美国的马克思主义理论研究开始遭受政府及麦卡锡主义的压制，许多大学的共产党员教师被解聘、迫害，甚至失去了学术自由。与此同时，美国政府开始支持鼓吹资本主义制度及意识形态的右翼学者，稀释美国左翼的发展空间。20世纪60年代至70年代，随着美国新左派运动的发展，美国学术左翼对于马克思主义的研究开始恢复，美国国际社会主义组织的理论家也从激进运动转向马克

① Alan Maas, Todd Chretien, "The ISO and the Soul of International Socialism", *Socialist Worker*, April 03, 2017.

思主义的理论研究。美国国际社会主义组织在大学校园得到了支持，受到越来越多的学生的欢迎，这也使得它得以在后来的发展中于美国近 20 个著名高校建立了学生支部，扩大了马克思主义理论在学生中的影响。在学生的支持下，美国国际社会主义组织的理论家得以在课堂重新公开讲话，在学术刊物发表马克思主义研究的学术观点和理论成果。

如第一章所述，美国国际社会主义组织为了开展马克思主义理论研究，先后创办了《社会主义工人报》《国际社会主义评论》，社会主义大会及黑马克特出版社。除了《社会主义工人报》始于 20 世纪 70 年代外，其他几个马克思主义学术研究及交流项目都是苏东剧变之后开始创办的。这些项目在 21 世纪逐步成为有影响力的学术阵地，汇集了一大批研究马克思主义的理论学者。即使美国国际社会主义组织解体，社会主义大会仍每年如期举行，黑马克特出版社仍在出版左翼知识分子的研究成果，为美国马克思主义的理论研究添砖加瓦。

美国国际社会主义组织对马克思主义的理论研究及其创办的马克思主义学术研究项目夯实了美国马克思主义研究的阵地，成为美国马克思主义研究的重要组成部分。据学者考察，20 世纪 70年代以后，英美两国马克思主义研究不断涌现新的成果。随着美国学术左翼的不断发展，美国逐步取代西欧成为马克思主义研究的中心[1]。而美国国际社会主义组织作为曾经的"美国最大的社会主义组织"，培养了一批马克思主义学者，为这一中心的转移，为丰富马克思主义理论的研究成果，并回击美国政府对马克思主义研究的压制做出了重要贡献。

二 为美国马克思主义理论的发展贡献力量

与许多打着马克思主义旗号大谈改良主义，反对社会主义运

---

[1] 江洋：《马克思主义研究在美国的兴起》，人民出版社 2014 年版，第 1 页。

动的美国左翼组织的不同，美国国际社会主义组织自成立之时，始终坚持在理论上回到马克思主义。当今世界，许多发达国家的社会主义组织的理论和实践都走向了改良主义，这甚至成为了一种潮流，形成了许多流派。可是有的理论流派算不算马克思主义，它对社会主义发展是否有促进作用，值得深思。

实际上，美国国际社会主义组织强调坚持和发展马克思主义理论，是基于美国政治制度得出的重要结论。如果在美国现有政制之下，工人阶级要想消除资本主义的剥削，必须通过选举成为执政党。但是在工人阶级政党没有充足的竞选资金的情况下，工人阶级政党执政几乎不可能。即便是工人阶级政党成为第三大党掌握了权力，它也会遭受民主党和共和党的挤压。进一步讲，即使工人阶级政党的领袖成为总统并掌权，它也面临无法长期执政、改造资本主义的难题。因为美国总统的任期只有四年，而社会主义的改造、建设需要持续不断的努力以及一个稳定的执政团体不断施政才能完成。况且，即使在联邦体制下获得最高行政权，如果多数州不接受社会主义改造，社会主义也难以在全国实现。显然，在美国现有政治体制下，实现美国社会主义几乎不可能。这也是许多美国左翼组织放弃革命走向改良的重要原因。有的美国马克思主义者甚至提出美国资本主义"大而不倒"的理论，以维护资本主义的统治。他们认为如果资本无法流通，美国资本主义经济、政治体制被破坏，那么市场和人民的生活就无法运转。他们虽然承认资本主义的各种缺点，但不认为美国人民可以将其摧毁。因此，他们提出的方案不是废除资本主义，而是缓慢的、渐进的改良资本主义[①]。

但是改良就可以使资本主义转向社会主义吗？美国国际社会

---

① Jorge Martin，"David Harvey against Revolution：The Bankruptcy of Academic 'Marxism'"，*Socialist Revolution*，（June 25，2020），https：//socialistrevolution. org/david-harvey-against-revolution-the-bankruptcy-of-academic-marxism/.

主义组织并不这样认为。它的理论强调资本主义无论进行多少次改良都无法成为社会主义，资本主义的改良只是为了进一步延续和加强资产阶级的统治，并不能免除资本对工人的剥削逻辑，显然，这不是马克思主义。另外，美国国际社会主义组织没有放弃马克思主义的阶级分析方法和阶级斗争理论，它在美国实现社会主义的方案就是回到马克思主义，在改良无法彻底废除资产主义剥削的情况下，通过自下而上的运动变革现有制度。因为真正的马克思主义不仅是对资本主义的批判范式，而且是变革资本主义、构建社会主义的学说。在改良主义盛行的背景下，美国国际社会主义组织对马克思主义理论的坚持、宣传和研究，吸引了一大批年轻知识分子，为美国左翼回到马克思主义并实现社会主义贡献了力量。

三　深化了人们对美国资本主义的认识

美国国际社会主义组织的理论主张，既包括它对一般资本主义发展前景的认知，也涵盖它对美国资本主义经济、政治制度的考察。美国国际社会主义组织的理论立足本土，以马克思主义为研究视角，深化了对美国资本主义的认识。

从该组织的理论来看，它不简单地套用马克思主义的理论分析美国资本主义，也不局限于从美国的经济危机或者金融危机去揭露美国资本主义的弊端；相反，它从更多维的视角，比如美国的政治制度以及自身的实践经验去批判美国资本主义，为美国工人阶级建言献策，提供了实现阶级解放的方案。

这些对美国资本主义的分析，不是泛泛而谈，而是从具体实际理解美国资本主义。它指出资本主义的本质是一种侵略制度，而资本主义的贪婪促使了美国对他国的战争。美国虽然是资本主义的头号强国，但仍有大部分人处于贫困状态。美国资产阶级只考虑产品的利润很少关注人的对美好生活的需要。美国工人虽然可以依靠工会争取利益，但美国工会的官僚主义也使美国国际社会主义组织不断提醒美国工人不能完全依靠工会废除资本对劳动的压迫，美国工人还必须建立起自己的政党组织维护自己的利益。美国资产阶级的改良主义不会改变剥削制度，美国工人只有依靠社会运动变革现有政治体制才能获得解放。美国国际社会主义组织还揭露了美国两党制迫使美国工人阶级接受"两害相权取其轻"的无奈选择，以及美国资产阶级为争取剥削的最大化，在国际上开展军事扩张、发动侵略战争，在国内推行种族主义、排斥移民工人、分化工人阶级的行径。美国国际社会主义组织认识到美国工人抵触政党政治，在美国建立工人阶级政党的各种困难，但也指出了在美国建立工人阶级政党的必要性。

美国国际社会主义组织对美国资本主义的多维分析，不仅有助于人们认识马克思主义的重要性，而且为美国工人如何制定推翻美国资本主义的策略提供了思想武器，具有深化人们对美国资本主义的认识的重要意义。

第四节　理论的局限性分析

美国国际社会主义组织的理论具有重要意义，但与此同时也存在一定的局限性，主要表现在以下几个方面。

一　后期政治实践与政治理论脱离

美国国际社会主义组织一直将"解释世界"和"改变世界"作为自己的"指导原则"。该组织在强调马克思主义理论的同时，也注重阶级斗争实践，认为如果成员只学习理论不重视实践，"那么伟大的思想就与周围世界没有产生联系，社会主义者也许是优秀的社会主义者，但未必是优秀的活动家"；如果成员只注重运动不学习理论，那么"他可以是出色的活动家，但不一定可以成为优秀的社会主义者"①。在美国国际社会主义组织的发展时期，它一直将理论与实践相结合，参与美国政治。然而在末期，随着国内社会主义潮流的变化，该组织却未能正确认识民主社会主义，导致内部成员出现政治分歧，使政治实践与其坚信的阶级斗争理论相脱离。这里的脱离主要是指机会主义领导层面对民主社会主义的"糖衣炮弹"，抛弃了阶级斗争，走向了纯粹的资产阶级选举政治，并解散了该组织。

二　斗争执政与选举执政理论分离

美国国际社会主义组织在发展时期，主要通过美国现有的选举政制参与美国政治，虽然存在部分阶级斗争实践，但这仅仅使它获得了一定的政治影响力，并没有使其获得政治权力。美国国际社会主义组织的关于阶级斗争的理论，要比选举执政的理论要多得多，这导致其在面对宣扬民主社会主义的桑德斯竞选总统时，局限于替代民主党的目标，而忽视了与美国民主社会主义组织建立统一战线，充实自身力量。美国国际社会主义组织的左派在后期也滋生了抵制选举政治的倾向，滋生"左派"幼稚病。实际上，美国社会主义运动的条件仅仅在局部范围成熟，大范围的社会主义革命时机仍未到来。因此，在这种情况下，美国国际社会主义组织应当在坚持完善阶级斗争理论的同时，也应当因地制宜地研究选举执政理论，处理好阶级斗争与选举斗争的辩证关系，在理论上认识到参与选举政治的重要性。

三　缺少阶级斗争策略理论

只有正确的阶级斗争策略，才能指导正确的政治实践，才能

---

① Paul D'Amato，"Where We Stand"，ISO Education Department，（Nov. 12，2017），https：//www. internationalsocialist. org/wp-content/uploads/2017/12/Where-We-Stand-Nov2017. pdf. p. 2.

使社会主义运动取得最终胜利。斗争、变革是美国国际社会主义组织理论的鲜明特性，然而，仅仅强调"为什么斗争"是难以推动社会主义运动长远发展的。阶级斗争既是"什么是斗争""为什么斗争"的问题，也是"怎么斗争"的理论命题。虽然美国国际社会主义组织在政治理论中清楚表示要抵制改良主义，通过建立社会主义政党发展社会主义，但这仅仅是一个简单的政治纲领，并非具体的政治行动指南。尽管该组织十分坚信阶级斗争理论，但他既没有根据美国实际制定阶级斗争的步骤理论、阶段理论，也没有根据美国国情制定相应的斗争策略、战略理论。而这种理论局限性使得它在社会主义实践中充满自发性、盲目性，没有自觉性。此外，美国国际社会主义组织的阶级斗争理论只谈联合工人阶级，没有注意与其他美国左翼组织建立统一战线，这在美国资产阶级力量强大的情况下，在策略和战略层面具有一定的局限性。

第 五 章

美国国际社会主义组织与
"美国有没有社会主义"

美国国际社会主义组织的历史和理论引出了"美国有没有社会主义"这一经典命题。美国到底有没有社会主义自 20 世纪初桑巴特提出以来就争论不休，坚持"有"或"没有"的双方都提出了各自的论点和依据。至今仍有学者使用桑巴特"美国没有社会主义"这一论点，来解读当今美国社会主义的发展，用桑巴特的理论论证美国没有社会主义，坚持认为几乎所有国家都有社会主义，唯独美国例外①。但实际上，美国不仅有社会主义，而且有多种社会主义，美国国际社会主义组织就是鲜明的案例。如果将美国国际社会主义组织与"美国有没有社会主义"的研究范式相结合，将有助于客观看待美国社会主义的发展状态，并对未来美国社会主义的发展前景做出判断。

第一节　桑巴特"美国没有社会主义"的
理论分析

自桑巴特提出"美国没有社会主义"以来，这个问题一直被

---

① 武彬、刘玉安：《为什么美国没有社会主义——兼论奥巴马的治国理念》，《当代世界社会主义问题》2012 年第 4 期。

反复讨论。关于这一问题的讨论包含两个方面：一是从"没有"的角度分析为什么美国工人几乎没有阶级意识，没能够组建一个强大的工人阶级政党发动有影响力的社会主义运动；二是从质疑的角度谈马克思主义是否适用于美国，美国资本主义是否能够跳出马克思主义的分析框架。

1. 关于第一个问题，桑巴特《为什么美国没有社会主义》告诉我们，美国工人缺乏阶级意识，因而缺乏阶级斗争的欲望；没有阶级斗争，因而美国没有社会主义。相较之下，欧洲工业化进程激起了工人阶级的反抗，发展成为共产主义"幽灵"。20世纪的法国、意大利、奥地利、德国、英国和澳大利亚都拥有强大的共产党、社会民主党或工党。它们有的赢得了大选，有的还在战后执政。人们认为，美国很快就会遵循这一范式，成为其杰出的榜样。但实际上，美国工人阶级的成就微不足道。虽然美国社会党和美国共产党做出了许多努力，但没能在美国政治中产生革命性的影响。

2. 关于第二个问题，即美国社会主义例外论是否推翻了马克思主义的分析框架。在美国，社会主义例外的辩论随处可见。坚持"例外论"的学者把资本主义向社会主义过渡不可避免这一理论当作"马克思主义"，然后将资本主义的经济繁荣和所表现出来的强大生命力作为否定"社会主义必然性"和整个马克思主义理论的依据。他们认为，资本主义在美国的发展证明马克思主义对未来的预测是错误的，马克思主义的唯物史观站不住脚。因此，马克思主义作为一种理论分析框架不适用于美国。那些反马克思主义的、采取实用主义立场的例外主义者甚至认为如果马克思主义不奏效，那就不是真的，或者说马克思主义在美国行不通。桑巴特"美国没有社会主义"的例外论对国际共产主义运动产生了消极影响，但他的论据真的能证明这些观点吗？难道马克思主义的理论错了吗？毫无疑问，这是很困难的。我们需要从桑巴特的论证和结论再次深入梳理；从桑巴特为资产阶级改良主义服务的视角解读他的政治目的；从理论出发反驳"美国没有社会主义"这一结论；从美国的现实出发，指明美国不仅有社会主义，而且仍需要社会主义和马克思主义。

一　桑巴特对"美国没有社会主义"的论证

1847 年 11 月马克思指出，共产主义起源于北美①。恩格斯也指出，共产主义革命在美国发生②。马克思、恩格斯判断美国是会发生社会主义运动的，实际上美国也存在空想和现实的社会主义运动。那么，为什么桑巴特在考察美国之后，却得出与马克思、恩格斯截然相反的结论呢？这是什么原因，他的依据是什么？我们首先对其文本进行解读，寻找相关缘由。

（一）桑巴特对美国的基本认识

据记载，桑巴特 1904 年夏末和马克斯·韦伯前往美国圣路易斯参加了研讨会。马克斯·韦伯就农村社区与社会科学等问题发表了演讲，而桑巴特则在会议上"向美国社会主义者和工会领导人提出了许多建议"，这是桑巴特"第一次去美国，美国给他留下了深刻的印象"③。这次与会促使他撰写了《为什么美国没有社会主义》，1905 年初美国社会党《国际社会主义评论》开始对其进行翻译和发表。虽然从各种材料中没有获悉桑巴特在美国停留了多长时间去考察美国的社会主义，但从已有的材料我们可以知道《为什么美国没有社会主义》的成书时间在半年左右。

在这么短的时间内，桑巴特对美国有哪些认识？我们将根据《为什么美国没有社会主义》的文本进行解析。（1）美国最适合

---

① 《马克思恩格斯全集》第 4 卷，人民出版社 2016 年版，第 334 页。

② 《马克思恩格斯全集》第 4 卷，人民出版社 2016 年版，第 369 页。

③ Bernhard vom Brocke，"Werner Sombart（1863 – 1941）：Capitalism-Socialism-His Life, Works and Influence Since Fifty Years"，Werner Sombart Conference, German：Heilbronn, 1991.

资本主义发展，美国的准则就是：一切事情都要符合资本主义的利益。（2）美国国民具有发展资本主义的强烈愿望。美国国民"在几个世纪里……为资本主义的发展做准备，……像是得到任命一样"；为金钱无止境奋斗成为美国国民的一种特性或者"一种纯粹资本主义精神"①。（3）自由资本主义导致美国严重的贫富差距，但是社会主义在美国仍没有基础。即使1904年美国的社会主义政党在总统竞选中得到了九十多万张票，但"只是代表着那些同情社会主义的工人阶级的最小一部分"②。（4）美国工人阶级不信奉社会主义，不但"工资劳动者"不信，而且他们的工会领袖也不信。与此同时，资本家与工人不是敌对关系，而是伙伴关系或者更加"亲密"的关系，他们的利益具有一致性。美国工人几乎不对工作缺乏安全措施加以抱怨，因为如果增强安全措施会减少工人收入的话，那么工人愿意与危险共存；即使工人与雇主存在对立关系，但在资产阶级给予他们帮助时仍会选择与其"并肩而立"或者"共同进餐"③。在桑巴特看来，生活富足，与资本家关系融洽的美国工人并不支持社会主义。（5）美国工会与雇主之间的谈判只是一种交易，工会带有资本主义性质；工会参与改善工资收入者的生活，但并不想放弃资本主义制度；而工会的政治目的不是实现社会主义，而是维持和加强资本主义经济制度，促进资本主义向前发展。

总之，桑巴特认为美国的自然环境和国民性格非常适合资本主义，尽管资本主义带来了贫富差距，但美国国民还是选择信奉资本主义。即使有像工会那样为工人谋利益的带有社会主义色彩

---

① ［德］桑巴特：《为什么美国没有社会主义》，孙丹译，电子工业出版社2013年版，第9页。

② ［德］桑巴特：《为什么美国没有社会主义》，孙丹译，电子工业出版社2013年版，第21—22页。

③ ［德］桑巴特：《为什么美国没有社会主义》，孙丹译，电子工业出版社2013年版，第28—32页。

的政治组织,但它本质上仍是维护资本主义制度的。

(二) 桑巴特对"美国没有社会主义"的分析

桑巴特《为什么美国没有社会主义》通过统计学和社会调查的方法解释了"美国没有社会主义"。和欧洲相比,美国工人较早地享有政治权利,在社会中受到尊重;与德国工人相比,则拥有良好的工资条件和较高的社会地位。这些因素都促使美国工人普遍接受资本主义的价值观,使美国没有社会主义。

1. 美国政治制度限制了社会主义的发展

桑巴特指出,美国有上百万移民来自像德国这样社会主义运动蓬勃发展的国家,但是他们和盎格鲁－撒克逊民族一样具有社会主义的免疫力。原因是美国的政治制度充分保障了人民的权益,人民不用通过社会主义达到目的。

具体来讲:(1) 美国工人较早享有一定政治权利,可以通过政治选举实现政治诉求。美国工人认为他们完全可以凭借宪法赋予公民的权利,合法获得他能够得到的一切,国家所做的一切努力都是为了获得公民的支持,而且国家与公民之间保持着友好关系,这使得美国没有发生反对政府和社会制度的大众运动①。(2) 美国两党制限制了社会主义政党在美国的发展。社会主义政党在没有经费支持的情况下很难与两大政党抗衡;美国历史上第三政党的悲剧性结局(主要是指选举失败或被民主党、共和党打压)也强化了人们对第三政党的负面印象。(3) 美国两党可以满足工会利益要求使工人不用诉诸于社会主义。由于社会主义政党没有机会在美国执政,且没有树立一个宏伟的追求目标,因此大多数工人都会选择加入工会而不是社会主义政党②。工会领袖往

① [德] 桑巴特:《为什么美国没有社会主义》,孙丹译,电子工业出版社 2013 年版,第 81 页。

② [德] 桑巴特:《为什么美国没有社会主义》,孙丹译,电子工业出版社 2013 年版,第 61 页。

往选择与两大政党合作以谋求"官职"，或者通过两党推行对组织有益的政策。美国两党通过工会领袖吸收工人阶级的利益诉求，实现政治稳定。如果共和党不满足工会的要求，那么工会就站在它的对立面，将选票投给民主党以达到自己的目的。所以在这种情况下，美国工人更倾向于加入工会，坚持两党制。这导致资本主义没有被削弱，反而间接获得了巩固①。（5）美国民主党、共和党与工人阶级联系紧密，工人拥护民主党或共和党，他们可以通过两党实现自己的政治诉求。

总之，美国的政治制度一方面保障了工人的利益，另一方面也限制了社会主义在美国的发展。然而，仅从政治制度角度探究是不够的，桑巴特认为，还要从经济和社会地位等因素出发作进一步分析。

2. 美国工人良好的经济生活状况削弱其阶级斗争意识

桑巴特认为美国工人没有阶级斗争意识，推动阶级斗争，促进社会主义在美国发展的另一个重要原因在于，美国工人具有良好生活水平。桑巴特通过汇率换算得出美国工人的工资水平还远远高于德国工人。关于两国工资通过汇率换算进行比较是否准确这一问题，我们将在下一节讨论，在这部分我们先分析桑巴特对美国工人良好经济状况的论证。

（1）美国工人工资水平高于欧洲。桑巴特认为，与欧洲工人工资相比，美国工人的工资相对较高。桑巴特引用了1900年德国与美国的工资数据，并按照1美元兑换4.20马克的汇率把美元兑换成马克进行了比较。根据"1900年德国与美国不同产业部门工人的年平均工资"，美国制糖产业工业工人工资是德国的4—5倍，皮革工业工人工资是德国的1.6—2倍，在其他产业方面，美国工人也比德国工人工资高至少2—3倍。除此之外，桑巴特还对

---

① ［德］桑巴特：《为什么美国没有社会主义》，孙丹译，电子工业出版社2013年版，第51—52页。

德国巴登、美国南部等地区的工人工资进行了考察,最后得出这样一个结论:"美国工人的现金工资收入大约为德国工人的2—3倍",并声称"这些数据能够得出一个完整且准确的描述,同时也能够经受得住来自任何数据的验证"①。

(2)美国工人生活水平优于欧洲。桑巴特认为考察美国工人的经济生活不仅要考虑工资水平还要考虑其生活水平,而要想对其生活水平进行考察,就必须要从工人怎样用高工资去购买日用品方面入手。在生活开销方面,桑巴特特意提到了物价,他认为美国劳动力的价格十分昂贵,但土地价格非常便宜。相应地,美国服务行业的人工成本和消费水平较高,而房屋和农产品价格相对低廉。美国工人在住房、照明、取暖、家具、服装和食物上的花费都要比德国工人少,而且美国工人住宅陈设也非常气派,舒适程度优于德国家庭。

总体来讲,桑巴特认为,美国工人的生活要比德国工人的生活惬意得多,而这也使得美国工人没有社会主义意识,并且从来没有意识到自己与资产阶级的贫富鸿沟。很多美国工人愿意为"资本主义唱赞歌",他们"在面对美味的烤牛肉和苹果派时,社会主义的乌托邦化为了乌有"②。

(三)美国工人的社会地位使其更加偏爱资本主义

1. 美国工人不仅物质生活优渥,而且社会地位比欧洲工人高

桑巴特指出,美国工人"与他人的关系、与社会制度的关系"融洽,而且美国工人的衣着、举止行为和中产阶级一样。他们每一个人都生来平等,和平相处。工会领导就像德国贵族一样,而餐厅的服务员或者警察在面对工人时,都如同面对一个州

①　[德]桑巴特:《为什么美国没有社会主义》,孙丹译,电子工业出版社2013年版,第100页。

②　[德]桑巴特:《为什么美国没有社会主义》,孙丹译,电子工业出版社2013年版,第142—143页。

的地方长官一般；美国工人的公共生活处于非常民主的状态，他们不像欧洲工人阶级在面对上层阶级时要卑躬屈膝；美国不同阶层之间的差距非常小，他们的声望并不由其身世和父母决定，而是由他的努力和成就决定①。

2. 雇主与美国工人关系融洽，美国工人不必对雇主阿谀奉迎

桑巴特认为，美国工人与雇主之间不存在欧洲封建国家奴仆服从于贵族的附庸关系，他们之间是相互依靠的平等关系。雇主对待工人秉持着"彬彬有礼的态度"，而且愿意为工人提供"舒适的设施"。雇主通过股票或公司利润来拉拢工人为其效力，而美国工人也愿意与雇主"共兴衰"，共存亡②。

3. 美国辽阔的土地为工人提升社会地位，提供了充足的空间

桑巴特认为，尽管美国资本主义剥削工人，但是工人还是能够依靠西部的资源和发展空间从资产阶级的压迫中解放出来，获得社会地位。美国工人只要一想到可以成为自由农场主这一点，就足以获得安全感和满足感，这是欧洲工人完全没有过的心理状态③。

综合来看，桑巴特认为，美国各阶级之间的社会地位差距不大。美国工人不用像欧洲奴仆附庸于贵族那样屈从于雇主，也不用像欧洲工人那样厌恶、对抗资本家。美国工人享有较高的社会地位，他们与雇主生而平等，相互依靠，一起振兴资本主义。除此之外，美国西部为美国工人提供和保留了进步空间，他们的心理状态更加平稳，不倾向于接受社会主义运动。而美国的政治制度、美国工人优渥的经济生活和较高的社会地位，也使得社会主

---

① ［德］桑巴特：《为什么美国没有社会主义》，孙丹译，电子工业出版社 2013 年版，第 145—146 页。

② ［德］桑巴特：《为什么美国没有社会主义》，孙丹译，电子工业出版社 2013 年版，第 152 页。

③ ［德］桑巴特：《为什么美国没有社会主义》，孙丹译，电子工业出版社 2013 年版，第 158 页。

义在美国难以发展，亦即桑巴特声称的"美国没有社会主义"。

二　对桑巴特"美国没有社会主义"的批判

（一）桑巴特的学术声誉

之所以要探讨桑巴特的学术声誉，是因为《为什么美国没有社会主义》的学术研究和资料引证并不严谨。为了证明这一点，还需要引证其他学者对桑巴特学术研究的看法来佐证这样的观点。

桑巴特出生于 1863 年，是德国著名学者。桑巴特对经济思想作出了许多有价值的贡献，其卓越才智获得了普遍的认可。恩格斯也曾经评价"桑巴特的文章相当好"，只不过在某些方面表现出了"令人失望之处"[1]。在桑巴特对马克思的经济学说进行批判之后，恩格斯将他划到了"庸俗经济学家"之列，恩格斯也曾这样评价过杜林。也有学者认为，他的"著作多有瑕疵"，他的"成就有时被过分夸大"；桑巴特想象丰富，但并不严谨；学识渊博，但对引用的材料的质量漠不关心，部分逻辑颇为肤浅，而且许多地方是在用直觉进行推理，并没有充分的证据[2]。尽管这段话是对《犹太人与资本主义》的评价，但这一评价也十分贴近《为什么美国没有社会主义》这一文本。

如果桑巴特的著作仅仅只是有一些瑕疵，这也不是不可以被理解，但桑巴特学术研究之所以充满争议，"大部分作品的准确性受到质疑"，其主要原因是其学术立场不够客观，存在夸大和扭曲历史的嫌疑[3]。其《犹太人与资本主义》一出版就遭受了猛烈攻击，因为他没有提供可靠的证据和材料证实犹太人的邪恶和道德堕落的真实性；还有学者指出，桑巴特并不懂得希伯来语，

---

① 《马克思恩格斯全集》第 39 卷上，人民出版社 2016 年版，第 413 页。

② 参阅《犹太人与现代资本主义》英译者序言。见［德］维尔纳·桑巴特《犹太人与现代资本主义》，艾仁贵译，宋立宏校，上海三联书店 2015 年版，第 1—3 页。

③ "Werner Sombart Facts"，（July 24, 2019），https：//biography. yourdictionary. com/werner-sombart.

他的这一著作被指引用了很多无法检验的二手材料①。此外，其著作还"巧妙地使用了很多悖论"，获得了"恶名"②。也有学者认为，桑巴特关于犹太人商业扩张和宗教精神的观点充满偏见，比较肤浅且缺乏根据的，"当一位经济学教授在经济史研究方面如此松懈和缺乏科学性时，人们几乎不能指望他的理论值得信赖"③。而他使用错误的不充分的证据进行论证，引起了学者的质疑。这就像他论证美国没有社会主义一样，从局部否定美国社会主义的发展④。

桑巴特的另外两部著作《社会主义与社会运动》《现代资本主义》在出版后也陷入了尴尬境地，它一方面被保守主义者认为是社会主义的宣传手册，另一方面却又被社会主义者贬低为现行秩序的辩护词。因为它一边批评资本主义另一边却又为资本主义辩护。

这些研究"忽视了历史事实"，"选择性和自私地演绎历史"，导致其实质性结论遭到学界拒绝⑤，加之他的"事实或推理存在错谬"，这非但没有给他带来好处，反而"严重损害了这位作者的声誉"⑥。为了防止外界认为本书对桑巴特抱有偏见损害了评价的客观性，引证其他学者对桑巴特学术研究的观点是必要的。但不管怎样，这些并不是学者对《为什么美国没有社会主义》的直

---

① 参阅《犹太人与现代资本主义》美国版导言。见［德］维尔纳·桑巴特《犹太人与现代资本主义》，艾仁贵译，宋立宏校，上海三联书店 2015 年版，第 1—2 页。

② Joseph Jacobs, "Review: Criticisms of Sombart", *The Jewish Quarterly Review*, No. 3, 1917.

③ Joseph Jacobs, "Review: Criticisms of Sombart", *The Jewish Quarterly Review*, No. 3, 1917.

④ Joseph Jacobs, "Review: Criticisms of Sombart", *The Jewish Quarterly Review*, No. 3, 1917.

⑤ Warwick Funnell, "Distortions of History, Accounting and the Paradox of Werner Sombart", *ABACUS*, No. 1, 2001.

⑥ 参阅《犹太人与现代资本主义》美国版导言。见［德］维尔纳·桑巴特《犹太人与现代资本主义》，艾仁贵译，宋立宏校，上海三联书店 2015 年版，第 2 页。

接评价。桑巴特"美国没有社会主义"的论据和论证,有待再次斟酌之处,会在后续部分讨论,但在此之前还必须阐明桑巴特的政治立场,这有助于理解为什么桑巴特要在论据不足或者存在悖论的情况下得出"美国没有社会主义"这一结论。

(二) 桑巴特的改良主义立场

桑巴特的部分著作是在缺乏客观材料支撑的情况下得出结论的,这与他的学术研究有一定的关系,也与他的政治立场密不可分。就如他站在纳粹的立场上书写《犹太人与资本主义》一样,他站在改良主义的立场撰写《为什么美国没有社会主义》。而他改良主义的政治立场可以为他得出"美国没有社会主义"这一结论提供解释。不过,这一部分笔者并不打算大谈改良主义,只是希望从《为什么美国没有社会主义》这一著作的"序言"引出桑巴特的改良主义立场。

桑巴特在序言中指出,他"在书中所论证的主要观点都被证明是准确无误的之后,才决定单独出版这一研究成果。美国相关方面的专家对本论题的肯定更加让我对此深信不疑。我的观点不仅得到了美国中产阶级朋友们的赞同,就连社会主义政党的领袖们也对我的阐释表示了认可。对我来说,他们的认可似乎更具有说服力。社会主义政党的官方学术期刊——《国际社会主义评论》,甚至全文对我的一些论文进行了转载,以飨读者"①。

根据自序,他认为自己的主要观点是准确无误的,而且美国相关专家的"肯定",中产阶级和社会党领袖的"赞同"和"认可",更让桑巴特对自己的结论充满信心。然而,这里最大的纰漏就是桑巴特没有去征询他著作中所研究的对象——工人阶级本身的意见,如果劳工、无产阶级也赞同桑巴特的想法,那么他在序言里的结论可信度会大幅增加,仅从与研究对象联系不大紧密

---

① 〔德〕桑巴特:《为什么美国没有社会主义》,孙丹译,电子工业出版社 2013 年版,第 6 页。

人物去获得意见，会显得不客观。

另外，由于桑巴特并没有明确序言中的"专家""中产阶级""社会党的领袖"是谁，因此没有线索据此进行查证哪些人对桑巴特的结论表示赞同或者在何种程度上的赞同。唯一的线索是他在序言中暗示的社会党的刊物《国际社会主义评论》对它的著作十分认可，并进行了"全文"转载。但通过查阅《国际社会主义评论》的历史档案，《国际社会主义评论》之所以在那时转载他的文章是因为它当时的主编西蒙斯是一名改良主义者。有人批评《国际社会主义评论》在西蒙斯的指导下"分裂社会主义运动"①。1908 年美国社会党解雇了西蒙斯，批评"党内许多领导人物对改良的痴迷"②。在西蒙斯被解雇之后，《国际社会主义评论》没有再对《为什么美国没有社会主义》进行转载，实际上，它只刊载了导论和第一部分的内容；与此同时，美国社会党领导人对著作的第二部分内容感到愤怒，因为桑巴特在这部分内容中指出，美国资本主义的成功使普通工人愿意成为一个没有理想而精于计算的商人③。后来《国际社会主义评论》停止翻译，并在 1907 年发起了对桑巴特这一著作的"审查"④。

这里特意探讨这个细节的目的之一，在于推论桑巴特"美国没有社会主义"符合改良主义的政治观点，他的著作得到认可这件事情本身是建立在部分人的意见之上的，而用部分的、片面的观点强化自己结论"准确无误"的做法值得怀疑。探讨这一细节的另一个目的是检验第一个推论：桑巴特是不是具有改良主义政

---

① "International Socialist Review（1900 – 1918）"，（April 20，2019），Marxists. org，https：//www. marxists. org/history/usa/pubs/isr/index. htm.

② "International Socialist Review（1900 – 1918）"，（April 20，2019），Marxists. org，https：//www. marxists. org/history/usa/pubs/isr/index. htm.

③ Jerome Karabel，"The Reasons Why"，The New York Review of Books，（Feb. 08，1979），https：//www. nybooks. com/articles/1979/02/08/the-reasons-why/.

④ Jerome Karabel，"The Reasons Why"，The New York Review of Books，（Feb. 08，1979），https：//www. nybooks. com/articles/1979/02/08/the-reasons-why/.

治立场。众所周知，一个人的政治立场对他的学术研究有很大的影响。桑巴特也不例外，其改良主义政治立场直接影响了他的著作《为什么美国没有社会主义》的研究结论。桑巴特在早年是一名马克思主义者，他本人对马克思主义有过深入的研究，与恩格斯也有过书信交谈，但恩格斯认为桑巴特对马克思政治经济学的理解"太空泛了"①，并没有完全掌握马克思政治经济学的内容。慢慢地，桑巴特在后来的研究中转变了立场，认为马克思在许多重要问题上犯了错误，站在了马克思主义的对立面。桑巴特于1894年撰写《卡尔·马克思经济学体系批判》②对马克思政治经济学进行了驳斥，并成为讲坛社会主义一员③。什么是讲坛社会主义？马克思、恩格斯认为，讲坛社会主义"宣扬资产阶级改良主义"，"主张不触动资本家的利益，逐步实行'社会主义'"；"讲坛社会主义的纲领仅局限于提出一些社会改良措施……其目的在于削弱阶级斗争，消除革命的社会民主党人的影响"④。马克思和恩格斯对讲坛社会主义进行了坚持不懈的斗争，揭露了它反动和反科学的性质⑤。罗莎·卢森堡也对桑巴特资本主义改良思想进行过论战，表明坚持无产阶级专政的政治立场⑥。值得注意的是，桑巴特在晚年还支持过纳粹主义，赞同将国家整体福利置于个人福利之上，以至于主流学界将他视为"小人物"，将其经济学作品比作"异端"。

---

① 《马克思恩格斯文集》第7卷，人民出版社2009年版，第1012页。

② 参阅"文献索引·桑巴特"，见《马克思恩格斯文集》第7卷，人民出版社2009年版，第1124页。

③ 参阅"注释160"，见《马克思恩格斯文集》第3卷，人民出版社2009年版，第663页。

④ 参阅"注释160"，见《马克思恩格斯文集》第3卷，人民出版社2009年版，第663页。

⑤ 参阅"注释160"，见《马克思恩格斯文集》第3卷，人民出版社2009年版，第663页。

⑥ 参阅"共产国际第三次代表大会会议记录"，见《共产国际第三次代表大会文献(1)》，中央编译出版社2011年版，第393页。

　　由此可见，桑巴特的政治立场并不是马克思主义式的社会主义，而是改良主义的社会主义。当桑巴特站在资产阶级的政治立场研究"为什么美国没有社会主义"这一问题时，其论证和结论自然而然是为资产阶级利益服务。就如共产国际第六次代表大会所指出的那样，桑巴特在《为什么美国没有社会主义》中毫不掩饰地用美国资本主义繁荣掩盖工人阶级遭遇，企图弱化工人阶级斗争的倾向；利用所谓的论据来散布反革命的乌托邦[①]，赞扬和欢迎美帝国主义，使人们陷入"资本主义普遍健全论的观点中去"[②]，试图使美国社会主义走向改良主义的道路。因此，是否有理由认为，序言里所提及的"专家""中产阶级""社会主义政党的领袖"也是站在资产阶级改良主义立场上支持桑巴特的？

　　值得怀疑的是，最清楚工人生活的是工人阶级本身，桑巴特为什么没有去征询他们的意见？而之前所述《国际社会主义评论》的内部分歧和矛盾证明，并不是所有人都站在改良主义立场上，很多学者和左翼政党领袖并不同意桑巴特的观点。因此，桑巴特是有他的政治目的的，其目的明显是为资本主义统治辩护。同时，其著作的论据存在许多问题。关于这一点，将在下文进行评述。

　　（三）桑巴特《为什么美国没有社会主义》批判

　　桑巴特《为什么美国没有社会主义》孙丹译本序言指出"桑巴特……使用了大量的实证数据来支撑其论点，论证之严密及数据运用之精准令人叹服。书中提出的观点直接、新颖，即使是现在重读亦不失学术与实际价值"[③]。译者对桑巴特《为什么美国没

---

　　① 参阅"共产国际第六次代表大会会议记录"，见《共产国际第三次代表大会文献（2）》，中央编译出版社 2013 年版，第 539 页。

　　② 参阅"共产国际执委会第十次全会会议记录"，见《共产国际执行委员会第十次全会文献（2）》，中央编译出版社 2012 年版，第 114 页。

　　③ ［德］桑巴特：《为什么美国没有社会主义》，孙丹译，电子工业出版社 2013 年版，第 5 页。

有社会主义》的评价是积极的，但所谓的"论证之严密及数据应用之精确"有待商榷。

1. 数据缺乏科学性

（1）桑巴特工资水平的换算，到生活水平的对比是支撑"美国没有社会主义"的核心论据，但桑巴特将德国工人与美国工人工资进行汇率换算之后比较其生活水平是不准确的，这将直接推翻著作中的许多立论。

具体而言，就是桑巴特将美国工人工资与德国工人工资进行对比时进行了汇率换算——按照"1 美元兑换 4.20 马克的汇率把美元兑换成马克"①。如果美国工人将美元在德国消费，或者德国工人将工资在美国消费，自然不会出现这样的问题。然而，两国工人工资是在本国消费，并不是在外国消费，这不涉及汇率换算问题。因为德国工人不可能将自己手中的马克先兑换成美元，再在本国消费；美国工人也不可能将美元兑换成马克在美国消费。因此，桑巴特使用 1：4.2 汇率换算后的数据，即以美国人的工资是德国人工资的 2—4 倍②为根据的推演就出现了问题。这"2—4倍"的主要依据是文中的表 3 "1900 年德国与美国不同产业部门工人的年平均工资"，在这样的情况下，毫无疑问美国工人工资比德国工人工资高许多。事实上，这并不准确也不科学。因为利用货币汇率换算会产生误导。只要德国工人主要使用马克在国内消费本国产品而不是外国商品，其生活水平便不会受到影响。因此，在汇率换算下对比德国工人与美国工人工资及购买力是不准确的，桑巴特在对比德国工人与美国工人工资时，至少应以工资购买力平价指数为基础进行讨论。

---

① ［德］桑巴特：《为什么美国没有社会主义》，孙丹译，电子工业出版社 2013 年版，第 86 页。

② ［德］桑巴特：《为什么美国没有社会主义》，孙丹译，电子工业出版社 2013 年版，第 128 页。

（2）每个国家的物价水平并不一样，桑巴特列举的德国人的主食：土豆、香肠、黑面包在本国并不昂贵，就像美国人的主食肉类一样。同一种商品（房屋、食品、衣服、交通等）在不同国家的原材料成本、制造成本、人工成本等都是有差异的，简单的套用汇率换算两国工人工资，对比其生活水平并不科学。至少对比两国工人工资还应融入物价消费指数来进行分析。桑巴特自己也承认"一个收入两万美元的纽约家庭或许不会比一个收入两万马克的柏林家庭能够负担得起更多的奢侈品。也许一个收入 1 万美元的纽约家庭与一个收入 1.5 万马克的柏林家庭几乎差不多"①。因此，桑巴特进行汇率换算后的工资对比出现偏颇，也会导致后续的论证缺乏可信性。桑巴特作为一名经济学家忽略了简单的经济学常识，是有意为之还是无意为之？虽无人知晓但值得思考。

2. 论证缺乏客观性

桑巴特在对比美国与德国的工人工资和生活状况时出现了很多主观臆断的情况，这影响了"美国没有社会主义"的可信性。（1）根据汇率换算两国工人工资，桑巴特在第二部分中得出美国部分地区产业工人、煤矿工人、化工工人、烟草工人、林业工人的周平均工资、工资收入层级都比德国相应地区的工人工资更高、更理想，而生活开销却比德国还便宜的结论。美国工人生活开销在某些方面比德国大的，桑巴特却有意将其概念偷换为：这方面美国工人比德国工人生活质量更高，或者"仅仅大一点而已"②。（2）在讨论德国工人与美国工人的衣服花销时，桑巴特认为"德国最便宜的衣服在美国的售价要高一些，但其背后的真正

---

① ［德］桑巴特：《为什么美国没有社会主义》，孙丹译，电子工业出版社 2013 年版，第 104 页。

② ［德］桑巴特：《为什么美国没有社会主义》，孙丹译，电子工业出版社 2013 年版，第 127 页。

原因却是,任何一个美国人……都不愿意购买这些便宜的垃圾货"①。桑巴特将任何有碍于得出美国工人开销要比德国工人开销低这一结论的论据都从主观上否定了,哪怕是毫无掩饰的偏见性的否定。(3)桑巴特在讨论美国工人比德国工人多的工资在何处消费时,没有说明美国工人将剩余的钱花在哪些方面,而主要讲了德国工人将剩余的工资花在了饮酒上。桑巴特认为德国存在社会主义是因为工人饮酒,而"美国工人反社会主义的情绪与他们……节制酒类"有关②。试问以饮酒来判断"有没有社会主义"真的客观吗?

3. 逻辑矛盾

除了上述两种情况之外,桑巴特"美国没有社会主义"的论证还存在结论与事实矛盾的情况。(1)桑巴特在说明"美国没有社会主义"时出现了很多矛盾的表述。按道理桑巴特应当通过论据证明美国没有社会主义,但他在导论中却指出,"美国不存在社会主义……如今看来,如此绝对的说法毫无疑问是不正确的"③。相信大部分读者都可以看出这一段论述的逻辑矛盾,甚至是逻辑错误。(2)桑巴特在第一部分试图通过工人享有充分的民主权利说明美国没有社会主义,但实际上美国的民主十分有限。桑巴特的理论与事实是矛盾的,它并不能证明桑巴特这一论点。桑巴特声称美国是真正的民主政府,美国人民可以通过行使选举权实现政治诉求。但桑巴特自己也指出,第三党在两党制的情况下根本无法实现掌权;社会主义政党在没有经费支持的情况下很难与两大政党抗衡;工人阶级的候选人无法负担高昂的竞选费

---

① 〔德〕桑巴特:《为什么美国没有社会主义》,孙丹译,电子工业出版社2013年版,第123页。

② 〔德〕桑巴特:《为什么美国没有社会主义》,孙丹译,电子工业出版社2013年版,第142页。

③ 〔德〕桑巴特:《为什么美国没有社会主义》,孙丹译,电子工业出版社2013年版,第21页。

用，他们被排除在选举之外；他们拥有选举权但无法被选举成为政府官员。可以说，正是因为美国工人阶级无法充分行使政治权利才导致了美国没有社会主义，而不是相反。另外，"美国所有最高级官员和代表都由民众选举产生的"①，这一论点也值得商榷，因为美国的议员和总统由选民选举产生，但美国联邦政府官员是由总统提名、任命的，并不由选民决定。此外，美国的选举制不是完全的普选制，因为它融入了选举人团制度。选举人团最初是由建国者们设计来确保国家的精英而不是普通选民得以选举总统。因此，桑巴特通过工人阶级充分享有权利说明美国没有社会主义与事实不符合，其论据不应该不遵守常识。（3）桑巴特的论证存在细节上的悖论。桑巴特在第一部分中指出美国国民抛弃了"一切欧洲特性"，没有欧洲的封建制度，人民不必对官员卑躬屈膝。可是桑巴特又指出"美国南部诸州还存在奴隶制"②，但实际上奴隶制比封建制度更残酷。桑巴特为了证明自己的观点故意对此"选择性失明"，进一步说明了桑巴特改良主义的政治立场。最后，桑巴特在得出美国工人工资比德国工人工资高后就下定结论：美国工人生活水平要远高于欧洲工人。难道德国就代表整个欧洲吗？桑巴特并没有给出足够的证据。因此，桑巴特以偏概全的论证不可成立。

三 桑巴特之后"美国有没有社会主义"的相关研究及范式转变

尽管桑巴特"美国没有社会主义"的论断过于绝对，导致了争论，但仍有学者坚信桑巴特是对的。虽然他对这些问题的回答

---

① ［德］桑巴特：《为什么美国没有社会主义》，孙丹译，电子工业出版社 2013 年版，第 38 页。

② ［德］桑巴特：《为什么美国没有社会主义》，孙丹译，电子工业出版社 2013 年版，第 144 页。

并不完全正确,但该问题的影响力丝毫没有减弱。目前学界对"美国有没有社会主义"产生了两种分析范式:一种是基于桑巴特语境之下继续讨论美国工人是否信奉马克思主义,或者美国有没有欧洲大陆那样的革命社会主义;另一种是基于美国社会主义发展史探讨美国是否存在社会主义,以此肯定或否定桑巴特的结论①。"美国没有社会主义"不能使人完全信服,它往往使人们产生难道美国社会主义力量弱小,美国没有欧洲式的社会主义就等于"没有社会主义"的疑问。为了避免这种争论,学界还产生了分析美国社会主义的第三种范式,绕开"有没有"直接分析美国社会主义能够发展或者难以发展的原因。而厘清这三种分析范式有助于解读美国国际社会主义组织的兴衰。

(一)"美国没有社会主义"的再论证

1. 基于桑巴特论点深化"美国没有社会主义"研究

尽管"美国没有社会主义"饱受争议,但仍有许多学者在桑巴特的语境下,对其论点进行了丰富和发展,这些立论包括以下几个方面:(1)美国拥有资源优势。与桑巴特一样,很多学者坚持将美国地大物博、地广人稀作为美国没有社会主义的重要论据。约瑟夫·熊比特认为,得益于美国辽阔的土地,美国农民是反社会主义的。由于农民不支持社会主义,因此美国没有一个影响力较大的社会主义群众政党②。(2)美国没有封建主义。美国政治学家,哈佛大学教授路易斯·哈茨认为美国没有西欧大陆那样的封建主义,因此美国工人没有参与到阶级斗争中的意愿③。美国政治学家李普塞特赞同这样的观点,认为由于缺乏封建社会

---

① 杨柠聪、白平浩:《学术界研究"美国有没有社会主义"的四种范式》,《科学社会主义》2020 年第 1 期。

② [美]约瑟夫·熊比特:《资本主义、社会主义与民主》,吴良健译,商务印书馆 1999 年版,第 478 页。

③ 参阅 [美]路易斯·哈茨《美国的自由主义传统》,张敏谦译,中国社会科学出版社 2003 年版,第 5 页。

传统，美国人民成为"天生的保守主义者"，而非激进的社会主义者①。（3）美国工人拥有足够的经济来源充分享受生活。有学者指出，美国之所以没有社会主义是因为美国的综合国力在20世纪初已经超过了英、法、德等欧洲强国。美国工人拥有了较高的生活水平，不必像欧洲工人那样排斥资本主义。欧文·豪提出了相似的观点，由于美国经济增长迅速，物质生活极为满足，美国工人不会拒绝资本主义而选择社会主义②。（4）美国工人充分享有政治权利，其社会地位比欧洲工人更高。有学者强调，欧洲工人苦苦追求的"自由"和"平等"对大多数美国人来说已经成为现实。美国工人可以在民主体制下使用宪法赋予的政治权利，表达自己的需求和不满，美国工人阶级意识比欧洲工人要淡漠得多。（5）美国选举制度和政党制度限制社会主义的发展。学界对桑巴特选举抑制论和政党抑制论的质疑并不多，多数学者都肯定了桑巴特这一论点。

2. 拓宽论点支撑桑巴特的结论

除了深化桑巴特的命题外，学界还拓展了"美国没有社会主义"的论据。主要包括：（1）美国政府对社会主义运动的镇压使得美国没有社会主义。有学者认为，美国政府及其警察对劳工运动的政治暴力从来都没有减弱，而且是法律允许的，而且这种暴力和种族虐待有时候是重叠的。那些被认为与左翼组织有关的运动，往往还受到军事武力的恐吓和政府的驱逐③。因此，美国工人阶级不可能战胜团结一致，且拥有强大国家机器的统治阶级。（2）宗教阻碍了美国社会主义的发展。马克斯·韦伯认为美国工人在生活中遭受困难，会诉诸宗教，而非社会主义。另外，美国

---

① Seymour Martin Lipset and Earl Raab, *The Politics of Unreason：Right Wing Extremism in America*, 1790 – 1970, New York：Harper&Row, 1970, pp. 94 – 95.

② 祖国霞：《欧文·豪社会政治批判研究》，中国书籍出版社2018年版，第157页。

③ "Demonstrations & Political Violence in America：New Data", （Sep. 03, 2020）, https：// acleddata. com/2020/09/03/demonstrations-political-violence-in-america-new-data-for-summer – 2020/.

天主教对社会主义持敌对态度,影响了信教工人的社会主义倾向①。(3)美国的外部环境没有给国内社会主义运动创造条件。斯考切波的研究强调,美国本土没有像俄国和中国那样受到外部势力的侵略,美国稳定的政权没有给本土革命带来机遇②。(4)美国工人在种族、文化、语言、民族等方面的异质化破坏了工人团结。美国工人中有很大一部分是来自不同民族、国家、地区的移民,移民工人只是为了寻求工作,而不是参与社会主义运动③。(5)也有学者研究发现社会主义被美国主义削弱,并且社会主义已经在美国实现,美国工人不必追社会主义④。最后,还有学者指出,苏东剧变的消极影响,也会导致社会主义在美国无法兴盛起来⑤。

(二)"美国没有社会主义"的批判以及"美国有社会主义"的论证

桑巴特不乏有独到的见解,但许多学者表示反对。桑巴特的论点及结论引起了批判,学界主要从立论和美国历史加以反驳。

1. 对桑巴特"美国没有社会主义"立论的批判

(1)随着历史发展,美国社会的阶级流动性已经不能支撑"美国没有社会主义"这一结论。部分研究表明,从20世纪后半期开始,美国的机会平等程度低于澳大利亚、加拿大、丹麦、芬

---

① [美]伦纳德·P. 利格奥:《美国为何没有走上社会主义道路》,《国外社会科学文摘》2002年第2期。

② Theda Skocpol, "State and Revolution: Old Regimes and Revolutionary Crises in France, Russia, and China", *Theory and Society*, No. 7, 1979.

③ Camilo Gomez, "The Complex Relationship Between Socialists and Immigration", Counter-Punch, (July 05, 2018), https://www.counterpunch.org/2018/07/05/the-complex-relationship-between-socialists-and-immigration/.

④ John Yoo, "Socialism vs. The American Constitutional Structure: The Advantages Of Decentralization And Federalism", Hoover Institution, Stanford University, July 16, 2020.

⑤ Daniel Kowalski, "The Soviet Union Began as a Democratic Experiment in Socialism", Foundation for Economic Education, (April 20, 2020), https://fee.org/articles/the-soviet-union-began-as-a-democratic-experiment-in-socialism/.

兰、德国、挪威、瑞典和英国，低收入群体向中产阶级迈进的可能性大幅降低①。（2）美国没有封建历史并不代表美国工人没有阶级意识。虽然美国不存在封建时期，但这不代表美国没有反对封建因素的民主斗争（比如反对妇女歧视的平权运动，捍卫黑人权利的黑奴解放运动）；此外，社会主义意识不仅是封建主义的结果，而且是资本主义工业化的产物，对于美国这样的工业强国来说，阶级意识是不可避免的。（3）桑巴特经济替代论存在错谬，不能证明"美国没有社会主义"。因为他没有考虑二次分配，而且"当时欧洲社会福利性质的二次分配远比美国发达"，尤其是德国的福利政策非常全面，欧洲工人生活并不比美国差。因此，不能仅凭经济水平去判断工人的阶级意识。贫穷与社会主义，富裕与保守主义之间不存在正相关关系，两者并不能简单对应。当然，桑巴特对美国工人普遍富裕的描述，也不符合事实，因为他"没有看到许多本土工人和移民工人面临的贫困问题，……实际上，许多工人家庭都只能勉强度日"②。（4）美国政府的镇压只能短暂的消解社会主义，并不能永久消灭社会主义。有些遭受镇压的社会主义政党在斗争中幸存了下来，甚至比以往更加强大；美国工人的异质化绝不是不可逾越的障碍，美国历史上存在很多克服偏见团结行动的例子③。

2. 从历史出发反驳"美国没有社会主义"并证明"美国有社会主义"

为了驳斥简单化的"美国没有社会主义"，很多学者，比如

---

① Irene Zopoth Hudson, "America: Land of Opportunity or Exploitation?", *Hofstra Labor and Employment Law Journal*, No. 19, 2002.

② C. T. Husbands, *Why Is There No Socialism in the United States*, London: Macmillan, 1976, p. xxiv.

③ Eric Foner, "*Why Is There No Socialism in the United States?*", *History Workshop*, No. 17, 1984.

张友伦、白井厚、邓超、郭更新、迈克尔·邓宁①都抓住了马克思"社会主义和共产主义……起源于英国、法国和北美"②这一论点，认为美国是空想社会主义的第二故乡。（1）美国的空想实验的影响远超欧洲，美国乌托邦运动是"比在欧洲更为强大的西方社会主义运动"③。（2）抛开美国空想社会主义运动，美国现代社会主义运动也有成功的案例。有研究显示，1901—1960年，美国社会党在美国一半以上的州至少有两名自己的党员成为议员，有数十名社会主义者成为国家立法委员，130多名党员成为市长④。其中，美国密尔沃基市曾有三名社会主义者成为了市长，在他们执政期间，"密尔沃基成为美国治理最好的城市"⑤，婴儿死亡率和流行病率最低的地方之一。（3）21世纪也有社会主义者成为市长的例子，那就是伯尼·桑德斯。桑德斯担任佛蒙特州伯灵顿市市长八年，连任了三次，"将佛蒙特州变成了一个繁荣的城市"⑥，并且是全美失业率最低的城市之一。桑德斯给伯灵顿带来了发展，伯灵顿也给桑德斯带来了声誉⑦。桑德斯竞选总统以后，美国社会主义东山再起。而这些在时间上"远"和"近"的

---

① 参阅张友伦《美国工人运动和社会主义无关吗》，《美国研究》1987年第4期；白井厚《社会主义的摇篮——美国》，《国外社会科学》1981年第2期；邓超《美国早期社会主义史新探》，《当代世界与社会主义》2018年第3期；郭更新、丁淑杰《二十世纪美国社会主义的潮起潮落》，《当代世界与社会主义》2000年第3期；Michael Denning, "The Special American Conditions: Marxism and American Studies", *American Quarterly*, Vol. 38, No. 3, 1986。

② 《马克思恩格斯全集》第4卷，人民出版社2016年版，第334页。

③ ［美］N. 布利斯、S. 奥林：《美国乌托邦社会主义》，《国外社会科学》1981年第10期。

④ 参阅 Nathan J. Robinson, "3 Arguments Against Socialism And Why They Fail", (July 06, 2018), https://www.currentaffairs.org/2018/07/3 – arguments-against-socialism-and-why-they-fail。

⑤ 参阅 Nathan J. Robinson, "3 Arguments Against Socialism And Why They Fail", (July 06, 2018), https://www.currentaffairs.org/2018/07/3 – arguments-against-socialism-and-why-they-fail。

⑥ 参阅 Nathan J. Robinson, "3 Arguments Against Socialism And Why They Fail", (July 06, 2018), https://www.currentaffairs.org/2018/07/3 – arguments-against-socialism-and-why-they-fail。

⑦ 参阅 Nathan J. Robinson, "3 Arguments Against Socialism And Why They Fail", (July 06, 2018), https://www.currentaffairs.org/2018/07/3 – arguments-against-socialism-and-why-they-fail。

例子，都证明美国不仅有社会主义，而且有成功的社会主义。

（三）"美国有没有社会主义"研究范式的转变

从上述论点中我们可以发现桑巴特"美国没有社会主义"这一命题容易出现争论，而且无论从哪一论点出发，得出这样的结论都会显得太绝对。很多学者会提出这样的疑惑，那就是美国社会主义力量弱小或者没有西欧式的社会主义难道就等于"美国没有社会主义"？已经有学者意识到这种立论方式的缺点，为了避免不必要的争议，学界出现了第三种范式，即研究美国工人运动失败的客观原因和主观原因，总结美国社会主义发展教训①。

1. 美国政府的自我改革对美国社会主义产生替代效应

美国社会主义运动在美国难以兴起的另一个重要原因在于美国政府的进步主义改革对社会主义运动产生了替代效应，缓释了美国经济社会中的矛盾冲突。邓超研究了1890—1920年进步主义时期美国的进步主义运动，认为进步主义运动延续了资本主义寿命，并且使它进入"更高的发展阶段"②。他认为这一时期"资本主义转危为安的关键"在于塔夫脱、威尔逊、罗斯福政府利用新科技革命进一步释放资本主义社会生产力，增加就业、扩大中产阶级规模的同时，加强了对经济的干预和对垄断资本的控制；推行政治改革遏制政治腐败，扩大公民权利，并制定有利于工人的法律；建立福利工厂、福利制度缩小贫富差距，减少资本对工人的剥削、压迫，缓和了阶级冲突，很大程度上避免了社会动荡。

由于进步主义和社会主义的某些理念是相似的，因此这一时期进步主义和社会主义两大运动是相互交织、相互替代的。出于对社会革命的担忧，很多社会主义者在看到进步主义改革带来的

---

① 杨柠聪、白平浩：《学术界研究"美国有没有社会主义"的四种范式》，《科学社会主义》2020年第1期。

② 邓超：《进步主义改革对美国社会主义运动的影响》，《当代世界与社会主义》2012年第1期。

希望时,选择退出社会党,并放弃了社会主义。因此,进步主义实际上削弱了社会主义力量,使工人更倾向于选择保守的斗争策略。奥巴马政府的改革也起到了同样的作用,而这些都为"美国没有社会主义"的另一种含义:为什么美国没有爆发欧洲那样的大规模的社会主义运动,没有一个强大的社会主义政党提供了解释。

2. 美国左翼自身不足导致美国社会主义衰落

"美国没有社会主义"的许多论据都在提醒人们,美国社会主义失败的重要原因之一,在于美国左翼政党组织自身存在不足。比如,20世纪美国社会党的失败在于种族主义偏见(白人党员拒绝吸纳黑人成员),并拒绝与工会在内的其他团体合作。美国共产党的失败则是在战争中为了获得政府的合法承认,站在了资产阶级政党一边,脱离了支持它的工人阶级,最后走向衰落。导致美国左翼政党失败的原因还有教条主义、内部斗争和战略失误,等等。(1)美国左翼政党教条主义阻碍美国社会主义发展。教条主义又称本本主义,它主要是指主体无法用马克思主义理论联系实际认识客体。历史上,教条主义对国际共产主义运动和美国社会主义运动都产生了消极影响,使许多民众远离社会主义。有研究认为美国共产党、社会党走向衰落的原因在于,在资本主义不可避免地走向社会主义这一预言与美国的现实脱节时,没有及时提出相应的理论解释现实,发展相关理论,回应工人阶级的疑惑;又或难以用大众化的方式表达其愿望和计划,使美国工薪阶层能够理解其政治纲领和政治计划,赢得有组织劳工对共产主义事业的支持。再者就是太拘泥于或局限于坚持信条和概念,在与那些灵活的政党的斗争中失败之后,无法用历史辩证法证明美国社会主义的必然性。当然,美共在政治上对苏共的过度依赖也导致其变得僵化,失去自主性,也是其不断遭遇挫折的原因之一①。（2）内部斗争使美国左翼四分五裂。内部斗争包括理论与路线之争，这两种斗争往往导致宗派主义。有研究将美国社会主义运动失败的原因，归咎于政党内部派别之间的意见分歧太大，而不能妥协，无法在对苏联的态度、马克思主义与非马克思主义等问题达成一致，导致成员脱离、退出原来的党，加入其他党派。郭更新等的研究注意到了美国共产党内部革命主义与右倾投降主义、机会主义的路线之争，导致思想混乱，削弱了自身影响力②。当然，美国社会党内部也存在革命主义与改良主义之间的意识形态冲突，这也导致其无法团结一致发展社会主义。

第二节　美国国际社会主义组织与
"美国有社会主义"

美国国际社会主义组织的兴衰，对应美国"有"与"没有"社会主义的两个方面。将美国国际社会主义组织的兴衰案例与"美国有没有社会主义"的研究范式相结合，有助于深入理解美国社会主义。

上述"美国没有社会主义"或者"美国有社会主义"的立论都说明了美国社会主义发展的各种情况。尽管桑巴特"美国没有社会主义"的部分论点与事实不符，或者随着时代发展已经不能支撑结论，但部分观点的确说明了社会主义在美国的发展困境。而"美国有社会主义"的论点驳斥了"美国没有社会主义"这一结论，则展示了美国社会主义的希望和前景。"美国有没有社会

---

① 杨柠聪、白平浩：《学术界研究"美国有没有社会主义"的四种范式》，《科学社会主义》2020年第1期。

② 郭更新、丁淑杰：《二十世纪美国社会主义的潮起潮落》，《当代世界与社会主义》2000年第3期。

主义"研究范式的转变——从"有没有"到"为什么难"的转变，则说明了美国社会主义组织本身存在的问题。美国国际社会主义组织的兴衰历程是"美国有没有社会主义"这一问题的分析样本。正如李普塞特所说，美国例外主义是一把双刃剑，它可以指向"美国有社会主义"，也可以指向"美国没有社会主义"。而美国国际社会主义组织也如一个硬币的两面，它既可以说明"美国有社会主义"，也可以说明"美国没有社会主义"；既可以说明美国社会主义发展的困境，也可以说明美国社会主义发展的前景。就是说，这些关于"美国有没有社会主义"的立论，也从侧面进一步丰富了我们对美国国际社会主义组织兴衰的认识。而关于这些立论，笔者认为可以促进美国社会主义组织发展的因素较少，而阻碍其发展因素的更多一点。

一 贫富差距问题与美国国际社会主义组织的发展

桑巴特及后来的学者用许多论点阐释了"美国没有社会主义"，但其中有许多论点失去了有效性，不仅不能证明"美国没有社会主义"，反而在时代变化中站在了它的对立面，论证了"美国有社会主义"及美国国际社会主义组织的产生或发展。这些立论包括贫富差距和美国封建主义因素等。

美国严重的贫富差距推动了美国国际社会主义组织的产生和发展。1890 年，美国已经是世界上贫富差距最为悬殊的国家，美国的贫富差距表现为 1% 的美国家庭拥有全美 54.8% 的财富，但在这种情况下，桑巴特仍然认为美国没有社会主义①。在美国国际社会主义组织诞生的年代，美国是世界头号资本主义发达国家，它仍存在严重的贫困问题。即使 1964 年约翰逊总统制定了一系列反贫困措施，但效果微乎其微。20 世纪 70 年代，美国仍有

---

① ［德］桑巴特:《为什么美国没有社会主义》，孙丹译，电子工业出版社 2013 年版，第 13 页。

许多人口处于贫困线之下，美国国家社会科学研究委员会估计每天都有 10 万美国儿童无家可归，但很少有利益集团为其呼吁。到了 20 世纪 80 年代，美国工人平均工资相较于 60 年代和 70 年代，不但没有上升，反而下降了 8—19 美元，这也使得美国极端贫困的人口一直处于上升趋势。不仅如此，20 世纪 70 年代，美国是发达国家（包括德、日、法、英、意、加等）当中工人罢工斗争次数最多的国家，仅美国国际社会主义组织诞生的前一年，也就是 1976 年，就发生了 5648 次工人罢工[①]。就是说，美国的贫富差距不是桑巴特所说的不能为美国社会主义提供基础，相反，它打破了桑巴特所说的美国工人与雇主"亲密"而不是对立关系的判断。也正因为如此，20 世纪 70 年代许多社会主义团体在美国出现，而坚持工人阶级解放和阶级斗争的美国国际社会主义组织也得以诞生并取得发展。

二　美国现代封建主义因素与美国国际社会主义组织的壮大

美国没有封建制度的历史并不代表美国没有封建主义因素，美国国际社会主义组织的发展是美国现代封建因素侵蚀工人权利的结果。如今的美国社会仍带有欧洲旧社会的痕迹，因为美国社会是在欧洲封建制度的遗迹上出现的，这主要存在于南方的种植园经济当中。美国建国之初没有世袭贵族，没有宗教特权，由于乔治·华盛顿的民主政治，美国也没有欧洲那样的皇室权威。

然而 20 世纪以来，美国与其他许多自由民主国家开始出现封建化的现象。这种趋势在经济领域中最为明显，因为许多富人成为了具有统治性的金融寡头和技术寡头。这是一种全球现象：从 20 世纪 70 年代开始，所有发达经济体中的中产阶级和工人阶级的向上流动性开始停滞。在 20 世纪 80 年代，只有 50% 能够成为

[①]　陈恕祥主编：《美国贫困问题研究》，武汉大学出版社 2000 年版，第 47 页。

中产阶级。我们知道,在封建社会中,权力主要由权贵阶级行使。如今,美国大资产阶级与中世纪贵族、教会阶级的权力趋同。

以土地为例,2007年美国超级富豪拥有的私人土地总面积为2700万英亩,相当于缅因州和新罕布什尔州的总面积,2017年的总面积则超过4000万英亩,相较之前增长了约50%。即使美国西部大部分土地仍掌握在公众手中,但许多人担心富豪对土地的收购会使其余的居民陷入贫困。这些现实都让人想起了封建社会——越来越多的地主、寡头,越来越根深蒂固的等级差距,越来越少的社会流动性①。

美国新出现的封建主义不仅使美国自由主义、爱国主义、个人主义、共和主义等价值受损,还使美国政治走向激进主义和社会主义,这在20世纪60年代和21世纪的千禧一代都十分明显。20世纪70年代至今,美国国际社会主义组织许多成员都是来自大学校园或者美国社会的激进分子,他们所作的斗争和中世纪资产阶级推翻封建制度的斗争一样,都是为了争取民主、自由、平等的政治权利,不同的是,他们如今进行斗争的对象是成为新的封建阶级代表的美国资产阶级。美国国际社会主义组织及其他美国社会主义团体如何理解和对抗美国的新的封建制度,决定了美国新一代所继承的世界的类型。

第三节 美国国际社会主义组织与
"美国没有社会主义"

虽然桑巴特及后来的学者关于"为什么美国没有社会主义"的一些观点存在争议,但客观来讲,仍有一些立论具有有效性。就是说,仍有一些观点能够说明为什么美国社会主义难以发展及

---

① Joel Kotkin, "America's Drift toward Feudalism", *American Affairs*, Vol3, No. 4, 2019.

美国国际社会主义组织的失败。除了本书第二章总结的美国国际社会主义组织解体的原因之外，以下这些立论也在很大程度上制约美国社会主义的进步，应当警醒。

一　美国宗教与社会主义的异斥性阻碍美国国际社会主义组织发展

一个多世纪以来，学者们一直想知道为什么美国从来没有社会党、共产党执政，而西欧左翼政党却有执政的经历。20 世纪美国社会党及社会党人尤金·德布斯（Eugene Debs）的表现令人印象深刻，21 世纪，伯尼·桑德斯的民主社会主义又使美国的社会主义运动再次变得有意义，但美国会像西欧国家那样发起成功的社会主义运动吗，桑德斯的运动会引起其他新的社会主义运动吗？就 2020 年的情况来看，两者都不太可能发生。

因为美国的宗教抑制了社会主义的传播，削弱了社会主义的政治动员。而美国国际社会主义组织等社会主义团体也排斥宗教神学，无法与宗教人士形成统一战线，这导致它很难在宗教界建立票仓。然而，美国有超 50% 的人口有宗教信仰，宗教信仰对他们的生活有极大的影响。不仅如此，有观点认为，美国对新教教义的推崇，强力消解了社会主义信仰。而那些没有宗教信仰的美国人，特别是经济困难的年轻人，生活孤独的老年人，及有色人种最有可能信奉社会主义[①]。没有政治信仰的人并不会在政治上处于不利地位，但是美国教会这一最广泛的社会组织会将个人信仰与身份政治联系在一起，使得教会成员会侧重于支持具有宗教信仰的团体或领袖。像美国国际社会主义组织这样的社会主义团体，它从意识形态上是拒斥宗教的，因为他们认为宗教是现代资产阶级剥削和迷惑工人阶级的工具。宗教作为人民的鸦片，无法

[①]　"Americans May Be Too Religious to Embrace Socialism", FiveThirtyEight, （March 10, 2016）, https：//fivethirtyeight. com/features/americans-may-be-too-religious-to-embrace-socialism/.

帮助工人阶级实现真正的解放,工人阶级的完全解放只有通过大规模的、面向权力的阶级斗争才能实现①。就是说,美国国际社会主义组织这样的社会主义团体与美国宗教人士在意识形态方面是冲突的。这种冲突表现为美国教会不支持社会主义甚至反对社会主义,认为社会主义者与教徒身份不可兼得;而美国社会主义团体又将宗教视为反动的、为资产阶级统治服务的压迫力量,社会主义者获得解放必须消除宗教。如果在信教人口占总人口大多数的美国,美国国际社会主义组织无法得到宗教人士的支持,或者遭到教会的反对,那么它的发展将是困难的。像美国国际社会主义组织这样的组织还有很多,它们并没有打算与宗教人士建立统一战线,发展社会主义,这也是许多学者认为"美国没有社会主义"的重要原因之一。

二 美国政府的镇压对美国国际社会主义组织造成破坏性影响

美国政府对美国工人阶级的镇压不能完全毁灭工人运动或者毁灭社会主义,但是它的确会对美国国际社会主义组织的发展造成破坏性影响。笔者认为,美国很少有左翼政党组织或政治团体能够在遭受到暴力镇压之后更加强大。

相较于方纳对于美国政府的镇压不能消灭社会主义,反而有可能使社会主义变得更加强大的乐观态度②,笔者对此是审慎的。和大多数坚持"美国没有社会主义"的学者一样,笔者认为美国政府的镇压的确是导致"美国没有社会主义"的最重要的原因之一。有人会将美国政府对社会主义的镇压与国民政府对中国共产党的镇压作对比,认为镇压的确会激起社会主义的反抗,但实际

---

① Vladimir Lenin, "Socialist And Religion", *Socialist Worker*, Dec. 12, 2012.

② Eric Foner, "Why Is There No Socialism in the United States?", *History Workshop*, No. 17, 1984.

上国民政府镇压也几度让中国社会主义走上绝境。但为什么中国共产党总是能绝处逢生，发展社会主义呢？这是因为中国共产党拥有一批雄才大略的领导人，能够抓住中国社会的主要矛盾，结合中国实际开展阶级斗争，取得革命胜利。然而相较于中国共产党，美国社会主义政治组织往往没有像毛泽东等革命式的能够深入群众运动中的领袖人物，他们在社会主义运动中也没有将马克思主义理论与美国实际深刻结合起来，根据美国社会的主要矛盾以及美国社会主义的主要任务，最大限度地凝聚革命力量。同样重要的是，与中国共产党相比，美国社会主义政党组织也没有建立起一支可以与政府相对抗的武装力量，因此，在这样的情况下，美国政府对美国社会主义的镇压就是对美国社会主义最致命的打击。

事实上，从早期的美国社会主义劳动党到后来的美国国际社会主义组织，美国社会主义的每一次崛起都受到了美国联邦政府或者美国州政府的镇压。20 世纪 10 年代末，由于极左思潮的流行、美国社会党的崛起，美国政府产生了红色恐慌，推动了对美国社会主义运动的镇压。因为他们担心俄国十月革命会在美国劳工运动中生根发芽，出现共产主义革命的苗头，威胁资本主义的政治和社会秩序。

为了镇压美国社会主义，美国政府 1917 年颁布了《间谍法》（Espionage Act of 1917），1918 年又颁布了《煽动法》（Sedition Act of 1918）和《移民法》（Immigration Act of 1918），加强对社会主义运动和社会主义人员的审查和驱逐。这在很大程度上压制了美国社会主义、共产主义运动的发展，使得"美国没有社会主义"。20 世纪 50 年代，美国共产党同样遭到了麦卡锡主义的镇压。1950 年美国政府颁布《内部安全法》（McCarran Internal Security Act），1954 年又颁布《共产主义控制法》（Communist Control Act of 1954）。法案实施之后，成千上万的美国共产党员或者同情支持美国共产党的人被指控、拘留、监禁。有的则是因此失去了工作。据统计，美国麦卡锡主义镇压直接导致失业的就有一万多人[①]。虽然这些做法违反了《第一修正案》，但直到1972年尼克松上台相关法律才被宣告废除。事实上，20世纪60年代到70年代，美国新左派运动也遭到了美国政府的残酷镇压，只不过这种镇压是美国联邦调查局（FBI）秘密进行的。FBI通过调查、渗透和抹黑美国社会主义、共产主义组织，起到了颠覆的目的。当然，20世纪80年代到90年代，美国政府对美国社会主义、共产主义的打压更为隐秘。除了对高校左翼教师和美国社会主义团体进行监视之外，还通过国家民主基金会等非营利组织宣传反社会主义理论，秘密瓦解社会主义组织[②]。

　　21世纪，美国政府为了维持资产阶级的统治，仍然没有放弃对美国社会主义的镇压，只是说21世纪美国社会主义往往以正面的角色出现在公众面前，获得了很多民众的支持，这导致美国政府的镇压往往是融合性质的打压而不是直接性的对抗，美国国际社会主义组织的消亡就是最好的例子。不过，特朗普执政以后，特别是2020年以来，美国政府又出现了将社会主义与美国主义置于完全对立的两面的趋势，特朗普政府出台一系列政策压制国内外社会主义、共产主义，在全球引起新一轮冷战。而一旦这些新冷战政策或者反社会主义政策得以实施，那么21世纪的美国社会主义又将面临新一轮的政府镇压，导致"美国没有社会主义"。从美国国际社会主义组织消亡的经历来看，笔者不对美国民主党拜登等人执政之后就放弃压制社会主义抱任何希望。因为无论是这两个政党中的哪一个执政，他们维护和发展资本主义的目标

---

　　① "History of the Socialist Movement in the United States", Wikipedia, （Aug. 17, 2020）, https：//en. wikipedia. org/wiki/History_ of_ the_ socialist_ movement_ in_ the_ United_ States.

　　② "History of the Socialist Movement in the United States", Wikipedia, （Aug. 17, 2020）, https：//en. wikipedia. org/wiki/History_ of_ the_ socialist_ movement_ in_ the_ United_ States.

都相差无几，只是具体的方式方法不同罢了。美国社会主义者应当丢弃对美国共和党，特别是民主党的幻想。民主党有时以社会主义的朋友的身份出场，但往往以叛徒的面目离场。最可怕的对手不是直接与你斗争的敌人，而是装作是你朋友的敌人。总之，大多美国社会主义组织，包括美国国际社会主义组织在内，在镇压之后都没有变得更强，这一因素的确导致"美国没有社会主义"。

三　种族主义倾向弱化美国国际社会主义组织的内部团结

跨越种族的团结在美国社会主义发展史上并不多见，在各种异质化元素中，种族主义最可能影响美国社会主义的发展，虽然美国国际社会主义组织在政治纲领中坚决反对种族主义，但它也没有能够逃脱种族主义的侵蚀。

与美国工人阶级可以克服种族主义、团结一致推动社会主义发展的观点不同，笔者认为，美国本土工人和移民工人的种族多样性恰恰抑制了美国社会主义的发展。种族主义不仅分裂了有色人种族之间的关系，而且加强了有色人种族与白人之间的对抗。虽然弱势种族更有可能拥护社会主义，但是这些种族之间的竞争又使他们各自为阵，无法形成合力。即使美国国际社会主义组织明确反对种族主义，但它的领导层全部是白人，没有吸纳一个有色人种，形成以下局面：（1）社会主义有利于黑人的政策，不符合白人至上主义者的利益，导致白人种族主义者反对社会主义。（2）种族主义带来的不平等也使得黑人不愿意与白人合作，甚至反对白人工人。在废奴运动之前，白人享有黑人无法得到的权利，黑人反对种族主义压迫，主要是反对白人的压迫。在废奴运动之后，黑人工人本能地排斥白人工人。即使是对白人和黑人都有益处的社会主义运动，两个群体也少有合作，并且两者的斗争方式不同。白人偏重于和平施压，而黑人更侧重于斗争抗议①。（3）在美国国际社会主义组织中，黑人成员本能地不相信领导层会公平地对待他们，所以，在种族主义造成不平等的情况下，美国黑人很难与美国白人形成统一战线，合力推动社会主义发展。（4）美国大多数白人本来就歧视黑人，两者之间的矛盾突出。因此，美国许多左翼政治团体、政党很少会吸纳黑人进入领导层。美共、美国社会党都曾有拒绝黑人加入的经历，而美国国际社会主义组织解体过程中，也暴露出种族歧视等问题，有成员公开要求前任领导成员对组织内部的黑人道歉。这些都反映出种族主义、种族偏见对美国社会主义运动的稀释，不利于美国形成团结的社会主义运动，导致"美国没有社会主义"。

四　美国选举制度降低了美国国际社会主义组织执政可能性

美国社会主义例外论也将"美国没有社会主义"理解为美国没有一个强大的代表工人阶级的左翼政党。那么为什么美国没有一个强大的社会主义政党呢？除了宗教、政府镇压、种族分裂之外，选举制度是一个很重要的因素。

美国国际社会主义组织在美国选举制度下很难获得强有力的支持，因此难以发展成为强大的左翼政党。虽然美国公民都有选举权和被选举权，但并不是任何人都有机会被选举成为联邦、州、县级的行政长官。选举人必须得获得大量的资金和选票支持，才有获胜的机会。美国总统的竞选资金一部分由私人筹集，一部分由公共财政补贴，还有部分州允许公司、工会和非营利组织进行捐款。历史上，美国总统竞选的花费是巨大的，动辄就是几亿美元。而巨额的选举费用对于美国左翼来说是很难筹集的。

① Kellie Carter Jackson，"The Danger of Denying Black Americans Political Rights"，*The Washington Post*，（March 26，2019），https：//www.washingtonpost.com/outlook/2019/03/26/danger-denying-black-americans-political-rights/.

虽然美国国际社会主义组织有权利推举选举人申请公共财政的匹配资金，但是公共资金补贴之后，私人筹资金额就会受到极大的限制。因此，美国历史上许多总统候选人都没有接受公共财政的匹配资金，美国国会也很少考虑将公共资金拨给左翼政党。美国是历史上唯一获得公共资金支持的左翼政党候选人，是美国绿党的总统候选人吉尔·斯坦（Jill Stein）[①]，但她并没有因此占据优势地位取得竞选胜利。

除了公共财政的资金之外，美国国际社会主义组织可以获得的最大资金来源是工会和非营利组织的捐款。而美国左翼获取私人筹资或者公司捐赠的概率较少，美国资本家主要将选举资金注入到两大资产阶级政党——民主党和共和党。美国左翼能从工会和非营利组织获得多少选举资金呢？实际上，并不充裕。工会的资金主要用于解决劳工的待遇问题，而非营利组织的资金主要是维持机构工作正常运转。以美国国际社会主义组织的芝加哥教师工会及非营利组织为例，2015—2019 年，芝加哥教师工会的年均净资产为 520 万美元左右，除去运营成本和工资成本，年均可支配收入仅为 110 万美元[②]。2017 年其非营利组织——经济研究和社会变革中心及黑马克特出版社的总收入，除去工资成本外约为 500 万美元。即使将这两者的可支配资金投入美国国际社会主义组织的选举当中，也不超过 1000 万美元，而这部分资金对于美国的政党竞争来讲微不足道。因此，与民主党和共和党相比，美国国际社会主义组织的资金来源是有限的。如果美国左翼组织没有足够的资金支持，就很难与其他两个主要政党抗衡获得选举胜利，更不能建设一个强大的政党发展社会主义，而这也导致"美国没有社会主义"。

---

① "Jill Stein", Wikipedia, （Aug. 03, 2020），https：//en. wikipedia. org/wiki/Jill_ Stein.

② "Financial Statements", CTU, （Aug. 25, 2020），https：//www. ctuf. org/ctu-foundation-financials/.

第四节　从美国国际社会主义组织看未来
美国社会主义的发展

美国国际社会主义组织是美国众多左翼团体中一员，它的消亡并不代表美国社会主义走向失败。而现在美国的左翼状况决定了未来美国社会主义必然会沿着多元化方向发展，这是美国社会主义的一个基本特征。多元化发展意味着其力量可以分散保存，使美国社会主义的火种将长存不灭。可是，多元化也导致美国左翼内部容易分化，缺乏统一的领导，难以凝聚发展社会主义的合力。

当然，在导致美国国际社会主义组织失败的因素当中，我们可以发现当前美国社会主义面临的最大挑战是来自民主党和共和党的政策压制，而这些综合因素必将导致美国社会主义曲折发展。那么在此背景下，如何突破美国政制推进美国社会主义呢？笔者认为，不能寄希望于主张改良的民主社会主义，而是要选择科学社会主义。正如马克思、恩格斯所说，美国资产阶级社会工业制度的发展会引发自身的改良运动，但与此同时，美国资本主义难以克服的内在矛盾也必然"导向共产主义"[①]。

一　美国社会主义朝多元化方向发展

美国不同阶段的生产力发展状况、社会文化差导致美国社会主义具有多元性，美国国际社会主义组织则是美国社会主义多元化发展的重要体现。美国国际社会主义组织的壮大吸引了其他社会主义团体的成员力量，其解体也使组织的成员再次审视或改变自己的政治选择，融入其他社会主义政治团体，推动美国社会主

---

① 《马克思恩格斯全集》第 4 卷，人民出版社 2016 年版，第 9 页。

义多元化发展。

多元化发展，意味着在美国发展社会主义不一定要坚持某一固定的模式，历史上的美国工人具有多种社会主义模式可以选择。美国国际社会主义组织是战后美国高校知识分子，建立的坚持马列主义传统的左派，它同样是美国新左派运动后期，社会主义运动多元化发展的产物，是美国社会主义运动多样性与独特性的统一。

战后美国社会主义发展呈多元化趋势发展有着深层次的历史原因。一是美苏两极格局对立的情况下，斯大林模式的弊端被过度放大，导致以新左派为基础的社会主义组织兴起；二是美国共产党和美国社会党对待工人运动和美国政府的方针、政策、原则缺乏张力，逐渐走向衰落，美国工人阶级寻求建立其他形式的社会主义政治组织；三是战后美国社会及国际社会出现新特征，加上 1949 年新中国成立，1959 年古巴社会主义运动取得胜利，美国社会主义运动出现了信奉毛主义和卡斯特罗主义的左派组织；四是西欧发达国家共产党，比如意共、法共、希共等，抛弃苏联模式开始探索欧洲共产主义道路，对美国社会主义发展产生了影响；五是苏东剧变后，一些美国左翼遭受挫折，更改了党的性质和名称，调整了指导思想，改变了对社会主义、社会变革主体的认识，成为信奉民主社会主义的政党，或者在党内斗争中分裂出许多派系组成新的左翼，使美国社会主义呈现出多元化特征[①]；六是美国有许多来自不同国家的移民工人，他们所接触的社会主义的多样性给美国社会主义多元化带来影响。

美国国际社会主义组织是战后美国社会主义多元化发展的具体体现，但是美国国际社会主义组织的消亡也表明，多元化也使各种派别的左翼组织很难团结一致。就是说，美国社会主义的多

---

① 孟鑫：《当前国际共产主义运动发展状况和趋势分析》，《当代世界与社会主义》2010年第 6 期。

元化可以使美国左翼走向复兴，也可以使其在内讧与斗争中衰落。此外，当今美国社会主义的多元化发展，也是美国左翼在历史恩怨中分裂、重组的结果。美国左翼应当认识到美国社会主义多元化发展的积极和消极方面，因地因时制宜地形成合力，探索适合美国国情的社会主义发展道路。

二　未来美国社会主义面临巨大挑战

尽管美国社会主义仍有发展的空间，但是未来仍面临许多挑战。当然，导致美国社会主义曲折发展的因素有很多，部分因素已经在本章"美国没有社会主义"以及第二章美国国际社会主义组织的失败原因中论述，比如选举制、宗教、种族、移民、政府镇压、机会主义、宗派主义、教条主义、组织建设不力等。关于这些常见的因素在此不再赘述，在当下，我们更应当关注民主党及共和党对左翼政党的控制策略，因为两党制成功地加强了资本主义制度霸权，并加剧了工人阶级的分裂，因此只有充分了解美国资产阶级对美国左翼的政治策略才能更好地帮助美国左翼应对挑战。

我们知道，在美国民主党党员桑德斯打出"民主社会主义"的旗帜竞选美国总统后，许多美国左翼力量转而加入民主社会主义阵营。这一时期，美国民主社会主义组织因公开支持桑德斯民主社会主义及桑德斯竞选获得了巨大发展。而桑德斯民主社会主义运动也使"社会主义"一词在美国流行起来，赢得了许多年轻人的青睐，促进了美国社会主义的发展。不过，民主党使用桑德斯民主社会主义这张"牌"只是为了将选票引入民主党，它并不会允许桑德斯在美国搞社会主义。桑德斯也并非真正的社会主义者，他所谓的"社会革命"只会维持资产阶级对劳动人民的可持续剥削。就是说，桑德斯民主社会主义不是以消灭资本主义制度为目标的科学社会主义，而是马克思、恩格斯在《共产党宣言》

中批判的，以挽救资产阶级统治为目的的"资产阶级社会主义"。

在 2020 年桑德斯提出更加激进的社会主义主张时，民主党没有再提名桑德斯，而是派出了乔·拜登（Joe Biden）参加竞选，因为民主社会主义已经完成了吸收或消解美国国际社会主义组织等左翼的任务。因此桑德斯的新的竞选方案：建立全民医保、公立大学免费、取消学生债务、提高最低工资并加强对富人的征税，十年内通过绿色新政用新能源取代传统能源等，并没有得到民主党人的支持，甚至引起了诸多反对。此外，2020 年民主党内部调查显示，民主党人更愿意推选非裔美国人、天主教徒、西班牙裔、犹太裔、女性为总统候选人吸收的选票，社会主义者不再像 2016 年那样拥有较高的支持率①。因此，2020 年桑德斯并没有因为民主社会主义得到党内提名，2020 年 4 月他被迫宣布结束总统竞选。他在直播中说"如果我有提名的可行途径，那么我一定会继续"。可惜，民主党没有再让桑德斯继续鼓吹社会主义，而桑德斯的竞选不过是为民主党提名拜登扫清道路，拜登也感谢桑德斯将"国家的利益放在首位"②。

而回顾桑德斯 2016—2020 年从竞选到弃选的过程，他实际上完美地帮助美国民主党发挥了社会安全阀的功能，有效地平息了社会主义运动。这导致的后果就是，许多美国社会主义力量抛弃了原来的立场，加入了民主党或民主社会主义阵营，但最后又被民主党所抛弃，失去组织并走向没落。拜登上台之后，美国民主党对左翼的控制政策也不会改变，甚至会更加隐秘和不遗余力。

在民主党之外，还有特朗普等共和党成员对左翼的攻击。2016 年特朗普出人意料地当选美国总统，特朗普的当选引起了许

---

① Susan Milligan, "Poll: Americans Won't Vote for a Socialist", *U. S. News*, （Feb. 11, 2020）, https: //www. usnews. com/news/elections/articles/2020 – 02 – 11/poll-americans-wont-vote-for-a-socialist-presidential-candidate.

② "US Election 2020: Bernie Sanders Suspends Presidential Campaign", BBC, （April 09, 2020）, https: //www. bbc. com/news/world-us-canada – 52219756.

多争议和抗议，原因有很多。一方面在于他的性别歧视、种族主义、民粹主义及"古典法西斯"专制主义倾向①，另一方面在于他对左翼的敌意及反社会主义倾向。2019 年 2 月特朗普表示"美国永远不会成为一个社会主义国家"②。而副总统迈克·彭斯（Mike Pence）也对民众说，"任何时代，任何地方，任一阶层的社会主义尝试都失败了"，青年不应选择社会主义道路③。据统计，2019 年下半年，特朗普在社交媒体中超百次消极性地或攻击性地使用"社会主义"。2020 年 1 月和 2 月特朗普超过 60 次使用"社会主义"一词，几乎平均每天一次。特朗普经常使用"社会主义"指责民主党，或者攻击委内瑞拉、津巴布韦、尼加拉瓜。2020 年 7 月 4 日，也就是美国独立日，特朗普在演讲中"发动了反对社会主义和马克思主义的新政，在日益法西斯主义的基础上寻求极右翼的支持"④。2020 年 7 月中旬，特朗普又在外交上采取了反社会主义立场。特朗普政府不遗余力地攻击社会主义，给民主党人打上激进左派烙印，建议民主党改名为社会党，或者公开反对美国民主社会主义的主张，无非是试图将 2020 年的总统大选设定为资本主义和社会主义的之间的较量，借反社会主义言论赢得共和党及选民的支持。这些言论和政策将特朗普主义引向麦卡锡主义，破坏美国社会主义生长环境，使美国左翼面临镇压。因此，即使美国具有深厚的社会主义动因，但仍然面临民主党和共

---

① John Avlon, "Trump Drops Socialism Tack and Goes After Defund The Police", CNN, （July 11, 2022）, https：//edition. cnn. com/2020/06/10/opinions/trump-drops-socialism-attack-and-goes-after-defund-the-police-avlon/index. html.

② 杨柠聪、白平浩：《学术界研究"美国有没有社会主义"的四种范式》，《科学社会主义》2020 年第 1 期。

③ Jeff Mason, "Trump Allies Hope To Ride Anti-Socialist Rhetoric To Election Win", Reuters, （Feb. 29, 2020）, https：//www. reuters. com/article/us-usa-election-socialism-analysis/trump-allies-hope-to-ride-anti-socialist-rhetoric-to-election-win-idUSKBN20N0HV.

④ Patrick Martin, "Trump Rails Against Marxism and International Socialism", WSWS, （July 06, 2020）, https：//www. wsws. org/en/articles/2020/07/06/uspo-j06. html.

和党的双重挑战，而且两党的政策性措施有可能给美国社会主义的发展带来重创，就像之前的麦卡锡主义一样，需要引起高度注意。

三　美国社会主义在曲折中不断前进

美国社会主义历经挫折但总能在曲折中不断向前，这体现并符合整个社会主义发展史的规律。

首先，美国社会主义的历史表明美国社会主义的发展是前进性与曲折性的统一。"二战"后，美国资本主义进入了前所未有的繁荣期，对于工人阶级来说，贫困已经成为过去，而且美国工人可以通过工会与雇主谈判，维护阶级利益，参与社会主义运动已经没有必要。然而，后来美国资本主义的社会矛盾及其引发的黑人民权运动、妇女平权运动、劳工激进运动、华尔街运动等更是提醒人们，美国社会主义从未就此结束。哪怕是饱受打击的美国工人阶级在苏东剧变之后士气更显低落，但随着资本主义剥削日益加深，美国工人对于社会主义的记忆也会被再次唤醒。与此同时，尽管美国资产阶级政治家在苏东剧变之后，宣布了资本主义战胜苏联社会主义的历史性成果，但是他们的兴奋无法掩盖这样一个残酷的事实，那就是金融危机以来，美国的不平等达到惊人的程度，比所有其他发达国家都更为明显。美国资本主义的剥削和压迫引起社会的两极分化，以及工人阶级争取社会主义的运动斗争①。工人反复地拥抱社会主义，尽管也反复地遭受失败。而美国国际社会主义组织的发展总是跟随着战后美国社会主义的发展曲线不断前进，而这些曲线和上升线条反映了人类社会螺旋上升的发展规律。尽管美国国际社会主义组织最终解体，但美国社会主义的发展仍会在曲折中不断前进。

---

① Ahmed Shawki, "Between Things Ended and Things Begun", *International Socialist Review*, No. 2, 2001.

其次，"两个必然"和"两个绝不会"原理决定了美国社会主义发展的前进性和曲折性。我们可以看到，美国国际社会主义组织虽然解体了，但是社会主义对资本主义替代的必然性并不会因为哪一个组织的失败而失去效力。应当认识到，社会主义的实现是一个必然过程，也是一个长期的艰巨的过程，美国社会主义的发展也是如此。正如马克思在《共产党宣言》中提出"两个必然"之后，又在《〈政治经济学批判〉序言》中补充，新的"社会形态"和"新的更高的生产关系"的消亡或出现，必须满足一定条件才能实现一样，美国社会主义也必须要经历这样或那样的挫折并满足相应的基础条件，才能实现。

总之，美国社会主义发展依然因为美国资本主义的基本矛盾无法克服而不可避免，同样因为资本主义顽强的生命力以及资产阶级的政治统治而遭受挫折。美国左翼应当树立美国社会主义必然不断前进的信心，与此同时，做好长期与资本主义作斗争的准备。

四　坚持科学社会主义而非民主社会主义

毋庸置疑，美国社会主义仍将发展，但往什么方向发展，怎么才能突破那些制约其发展的屏障，这是需要认真考虑的问题。

与那些强调在资本主义国家只能通过改良主义才能建立社会主义的观点不同，本书认为只有科学社会主义才能推动美国社会主义取得实质性进展，美国工人应当抛弃对民主社会主义的幻想走向科学社会主义。

社会主义在很长一段时间里都是美国的禁忌，然而，2008年金融危机以后，美国民众对社会主义的认识发生了较大改观。2016年桑德斯竞选总统以来，民主社会主义在美国越来越受欢迎。如果说美国国际社会主义组织的壮大得益于金融危机后人们对资本主义的愤怒，那么美国民主社会主义组织的兴起则受益于桑德斯民主社会主义的"名人效应"，美国民主社会主义组织的壮大，部分要归功于参议员桑德斯的总统竞选活动。如果民主社会主义的主张在美国得以实施，那这就意味着美国要建立起欧洲式的大型政府和福利国家，更接近北欧冰岛的模式。这种模式不是彻底变革资本主义，而是通过改良的手段，比如选举和社会运动实现资本主义改良。美国民主社会主义组织希望通过民主制度获得权利，它们相信民主而非阶级斗争。可是，2020 年民主社会主义不仅被民主党抛弃，而且还受到共和党的打压。共和党人认为，如果美国实行民主社会主义，那么"美国将成为一个贫苦且效率低下的社会"①，因此共和党制定一系列政策来压制民主社会主义。

如果抛开民主党和共和党的影响，实际上 2020 年以来，美国民主社会主义组织的发展也并不理想。美国民主社会主义组织的势力的确在 2016 年以后取得了翻天覆地的变化，但它的领导人艾泽曼（Isserman）也表示，桑德斯的竞选是美国民主社会主义者的最大机遇，但也是组织最危险的时刻；虽然美国民主社会主义组织得到了扩张，但它的成员并没有获得任何政治上的突破；不仅如此，它的巨大扩张，还导致了组织的崩溃②。也就是说，虽然这几年美国民主社会主义组织成员数量得到了增加，但组织的质量并没有提升。由于快速扩张，在发展过程中吸纳了许多不合格的成员，使得组织的总体凝聚力和战斗力下降。

此外，我们还发现，在维护工人利益和发起社会运动方面，美国民主社会主义组织也没有实际作为。2020 年美国公民因为政府应对疫情不力和警察暴力执法发起了大规模的群众运动，但是

① Oliva B. Waxman, "Socialism Was Once America's Political Taboo. Now, Democratic Socialism Is a Viable Platform. Here's What to Know", *Time*, (Oct. 24, 2018), https：//time. com/5422714/what-is-democratic-socialism/.

② Oliva B. Waxman, "Socialism Was Once America's Political Taboo. Now, Democratic Socialism Is a Viable Platform. Here's What to Know", *Time*, (Oct. 24, 2018), https：//time. com/5422714/what-is-democratic-socialism/.

这些运动并没有持续太久，也没有对种族歧视和资本主义制度带来实质性的改变。美国民主社会主义组织没有领袖走上街头领导群众，发动反抗资本主义不公的运动，而且他们无法将多数群众组织起来，建立政治力量。

那么，在这种情况下，怎么才能变革美国资本主义，实现社会主义的发展？是倒向民主社会主义还是回归科学社会主义，这是不言而喻的。首先，民主社会主义已经被民主党背后的统治者抛弃，而且民主社会主义不会根本改变美国资本主义剥削制度，因此它发不发展都不会推动美国社会主义取得实质性进展。其次，美国资本主义剥削压迫制度仍然不断激化着社会矛盾，美国仍有工人会选择科学社会主义。因此如果美国左翼可以克服"美国没有社会主义"中的相关弱点，发展成为具有战略性、革命性的政治力量，有效组织发动群众的话，美国社会主义不是没有取得成功的希望。

总之，美国左翼只有坚持科学社会主义才有机会变革美国现有剥削制度，实现工人解放，以及社会主义发展。因为不论是民主党还是共和党，他们并没有把美国工人的利益放在首位，美国工人阶级只有变革资本主义制度，才有突破现有桎梏的可能。因此，最后的结论是，民主社会主义虽然可以在短时间内使"社会主义"受到追捧或者欢迎，但是它不能解决根本问题。美国社会主义的发展，美国社会的根本进步需要依靠科学社会主义，尽管科学社会主义会遭受到比民主社会主义更多的阻碍。什么是科学社会主义？科学社会主义是马克思主义政治学说的高度概括。它不是静止不变的学说，而是不断深化和发展的理论。美国社会主义者应当基于科学社会主义基本原则，并根据美国国情坚持和完善科学社会主义，形成具有美国特色的社会主义理论体系，以更好地适应和指导美国社会主义运动向前发展。

结　　语

　　人们常说，社会主义从未在美国生根发芽，是因为这个国家与世界其他地方相比有诸多特殊之处，人们提出了各种各样的理由来支撑这种论点，甚至宣称马克思主义在美国已经消亡，资本主义将是人类自我实现的最终形式。但是，在资本主义世界里，无法想象的财富和剥削是同时存在的。如果这就是"历史的终结"的话，那么大部分人民都会站起来反抗它、终结它。

　　面对美国资本主义的残酷现实，社会主义的改造计划是必要的。尽管很多资产阶级学者试图污蔑、埋葬社会主义，但科学社会主义对资本主义的控诉在今天仍然得到证实，马克思主义的理论仍然充满生命力。科学社会主义理论不仅揭露了资本主义社会的弊病，而且揭示了资本主义如何发展以及如何陷入危机的规律，马克思的批评者也不得不承认他对资本主义具有敏锐的洞察力。

　　自科学社会主义理论诞生以来，资本主义已经发生了很多变化。但是，资本主义为少数人牟利而剥削多数人的本质仍然没有改变。目前，马克思、恩格斯对资本主义的描述都出现了：一个相互依赖的世界市场；系统性、周期性的经济危机；财富、资本的增加以及贫困、环境危机的不断积累，颇有预言意味。如今，马克思主义仍是工人阶级认识和改变世界的关键。要改变资本主义世界，就必须学习马克思主义，了解资本主义如何运作，从实践与斗争中学习、总结经验，美国社会主义者也不例外。

"二战"后，美国在全球范围内与苏联进行了近50年的斗争。每一方都把自己标榜为自由的典范，并利用这些主张来对抗不同意见，加强意识形态的一致性。美国的意识形态战略建立在新自由主义之上，其目的是确立自由资本主义"别无选择"的地位。这种意识形态攻势在20世纪90年代初达到顶峰，特别是在苏东剧变之后，资本主义理论家甚至宣布"历史终结论"，强调人类将走向自由资本主义，但美国金融危机，特别是中国特色社会主义兴起以后，福山承认了"历史终结论"的谬误，认为资本主义不是人类的终点。

金融危机以后，许多美国人倾向于支持社会主义，尽管很多人在给自己贴上社会主义标签的时候并不知道社会主义的理论、历史与含义，但他们具有相同的一个方面，那就是反对资本主义。与20世纪初桑巴特《为什么美国没有社会主义》的论据相比，今天越来越多的美国人生活在极端贫苦之中，当越来越多的民众察觉到美国是一个阶级剥削、压迫的社会的时候，社会主义的复归变得不可避免。"社会主义"再次成为美国政治讨论的主流话题，进入主流媒体。2010年皮尤（Pew）民意调查发现大约1/3的美国人对社会主义持积极态度；美国黑人、自由民主党人（Liberal Democrats）以及许多30岁以下的美国人更喜欢社会主义而不是资本主义。2015年，梅里亚姆－韦伯斯特（Merriam-Webster）的报告说，"社会主义"是其在线词典中搜索最多的词，"社会主义一直是我们在线词典查找列表中的佼佼者"[1]。现在，大多数美国人对"占领华尔街"持积极态度；对1%的人牺牲99%的人的利益追求资本主义繁荣而感到厌恶。与此同时，《21世纪资本论》成为畅销书，提高最低工资的社会主义运动在美国

---

[1] Alison Flood, "Socialism the Most Looked-up Word of 2015 on Merriam-Webster", *Guardian*, Dec. 16, 2015.

蓬勃发展。而这些都表明不是美国没有社会主义，而是社会主义正在美国回归。[①]

值得注意的是，正是在这样的背景下，不是说美国例外且与众不同，而是说美国也都将积累社会主义因素。申言之，美国资本主义提供了反乌托邦模式：一种以低工资、低福利、不完善的公共服务为基础，牺牲工人阶级利益，令资本家垂涎纷纷效仿的模式。这种模式对大多数人来说是一场必须抵制的灾难，而资本主义宣称的伟大胜利对他们而言就像一个残酷的笑话。在这样的条件下，像美国国际社会主义组织这样的左翼组织或团体，必定会在美国再次产生、扎根和发展。我们对美国社会主义的复兴抱以审慎的态度，但同时也应当对此充满信心。

[①] Harold Meyerson, "Why are there Suddenly Millions of Socialists in America?", *Guardian*, Feb. 29, 2016.

参考文献

一 经典文献

《马克思恩格斯文集》（第1—10卷），人民出版社2009年版。

《马克思、恩格斯、列宁、斯大林论美国》，中国社会科学出版社
    2013年版。

《马克思恩格斯给美国人的信》，人民出版社1986版。

《列宁全集》（第1、22、35、39、43、44卷），人民出版社2017
    年版。

《国际共产主义运动历史文献》（第47、56卷），中央编译出版社
    2013年、2011年版。

二 中文著作、译著

丁淑杰：《美国共产党的社会主义理论与实践》，中国社会科学出
    版社2010年版。

高建民：《美国社会党及社会主义运动研究》，中国社会科学出版
    社2018年版。

江洋：《马克思主义研究在美国的兴起》，人民出版社2014年版。

雷虹艳：《美国的社会主义运动与思潮》，社会科学文献出版社
    2018年版。

刘建飞：《美国与反共主义：论美国对社会主义国家的意识形态
    外交》，中国社会科学出版社2001年版。

陆镜生：《美国社会主义运动史》，天津人民出版社 1986 年版。

吕庆广：《战后美国左翼政治文化：历史、理论与实践》，社会科学文献出版社 2015 年版。

牛政科：《美国社会主义的脉搏扔在跳动》，中国社会科学出版社 2018 年版。

汪树民：《超级大国的弱势群体——战后美国贫困问题透视》，学林出版社 2011 年版。

奚广庆、王谨：《西方新社会运动初探》，中国人民大学出版社 1993 年版。

徐良：《美国"新左派"史学研究》，中国社会科学出版社 2014 年版。

［德］维尔纳·桑巴特：《为什么美国没有社会主义》，赖海榕译，社会科学文献出版社 2014 年版。

［德］维尔纳·桑巴特：《为什么美国没有社会主义》，孙丹译，电子工业出版社 2013 年版。

［法］托克维尔：《论美国的民主》，周民圣译，中华书局 2018 年版。

［美］L. 桑迪·梅塞尔：《美国政党与选举》，陆赟译，译林出版社 2017 年版。

［美］埃里克·方纳：《美国历史：理想与现实》（上、下册），王希译，商务印书馆 2017 年版。

［美］厄尔·怀松：《新阶级社会：美国梦的终结》，社会科学文献出版社 2019 年版。

［美］哈林顿：《另一个美国：美国的贫困》，卜君等译，世界知识出版社 1963 年版。

［美］尼古拉斯：《美国社会主义传统》，陈慧平译，社会科学文献出版社 2013 年版。

［美］诺姆·乔姆斯基：《世界秩序的秘密》，李广茂译，译林出

版社 2015 年版。

[美] 托德·吉特林:《新左派运动的媒介镜像》,张锐译,华夏
　　出版社 2007 年版。

[美] 威廉·福斯特:《马克思主义与美国"例外论"》,东北新
　　华书店 1949 年版。

[美] 希尔奎特:《美国社会主义史》,朱立人译,商务印书馆
　　1974 年版。

[美] 约瑟夫·熊比特著:《资本主义、社会主义与民主》,吴良
　　健译,商务印书馆 1999 年版。

[苏] 马尔科夫:《美国工会官僚是美帝国主义的代理人》,陈鄂
　　译,工人出版社 1951 年版。

三　中文期刊论文

白分哲:《美国为何没有走上社会主义道路?》,《国外社会科学文
　　摘》2002 年第 2 期。

陈晔、高建民:《试析 21 世纪美国左翼运动衰落的原因》,《社会
　　主义研究》2018 年第 6 期。

邓超:《进步主义改革对美国社会主义运动的影响》,《当代世界
　　与社会主义》2012 年第 1 期。

丁淑杰:《美国社会主义运动曲折发展的原因分析》,《华中师范
　　大学学报》(人文社会科学版)2003 年第 1 期。

高建民:《美国左翼的现状、问题与前景》,《科学社会主义》
　　2020 年第 1 期。

郭更新、丁淑杰:《二十世纪美国社会主义的潮起潮落》,《当代
　　世界与社会主义》2000 年第 3 期。

赖海榕:《资本主义起源与社会主义研究的界碑——关于桑巴特
　　及其〈为什么美国没有社会主义〉的评述》,《马克思主义与现
　　实》2001 年第 4 期。

刘玉安：《消灭资本主义还是挽救资本主义？——论美国近代民主社会主义的兴起》，《人民论坛·学术前沿》2019 年第 15 期。

孟鑫：《当前国际共产主义运动发展状况和趋势分析》，《当代世界与社会主义》2010 年第 6 期。

裴少华：《后危机时代美国左翼思潮的特征及发展趋势》，《毛泽东邓小平理论研究》2020 年第 7 期。

王军、梁丹：《近百年来美国共产党的党员人数变化及其原因分析》，《当代世界与社会主义》2014 年第 6 期。

武彬，刘玉安：《为什么美国没有社会主义——兼论奥巴马的治国理念》，《当代世界社会主义问题》2012 年第 4 期。

奚广庆：《关于美国有没有社会主义的几点讨论》，《当代世界社会主义问题》2013 年第 3 期。

许宝友：《从桑巴特到李普塞特的美国社会主义例外论——国外名家论社会主义（四）》，《科学社会主义》2005 年第 1 期。

轩传树、谭扬芳：《从桑德斯的"社会主义"看"美国社会主义例外论"》，《红旗文稿》2017 年第 2 期。

杨柠聪、白平浩：《学术界研究"美国有没有社会主义"的四种范式》，《科学社会主义》2020 年第 1 期。

张新宁：《如何理解美国 2016 年大选中的"社会主义"因素》，《当代世界与社会主义》2016 年第 2 期。

张友伦：《美国工人运动和社会主义无关吗》，《美国研究》1987 年第 4 期。

［美］N. 布利斯、S. 奥林：《美国乌托邦社会主义》，《国外社会科学》1981 年第 10 期。

［美］诺尔曼·马科维兹：《美国高校的马克思主义、社会主义和共产主义史教学》，《世界社会主义研究》2018 年第 6 期。

［日］白井厚：《社会主义的摇篮——美国》，《国外社会科学》1981 年第 2 期。

四 英文著作

Alan Maass, *The Case for Socialism*, Chicago：HaymarketBooks, 2010.

Andrew J. Bacevich, *The Limits of Power：The End of American Exceptionalism*, New York：Metropolitan Books, 2008.

Daniel Bell, *Marxian Socialism in the United States*, New York：Cornell University Press, 2018.

James Weinstein, *The Decline of Socialism in America*, 1912 – 1925, New Brunswick：Rutgers University Press, 1984.

John Molyneux, *What is the Real Marxist Tradition?*, Chicago：HaymarketBooks, 2003.

LanceSelfa, *The Democrats：A Critical History*, Chicago：HaymarketBooks, 2012.

Mike Davis, *Prisoners of the American Dream：Politics and Economy in the History of the US Working Class*, New York：Verso, 1986.

Philip S. Foner, *History of the Labor Movement in the United States*, New York：International Publishers, 1981.

Seymour Martin Lipset and Earl Raab, *The Politics of Unreason：Right Wing Extremism in America*, 1790 – 1970, New York：Harper & Row, 1970.

Sharon Smith, *Subterranean Fire：A History of Working-Class Radicalism in the United States*, Chicago：HaymarketBooks, 2019.

五 英文论文

Bruce J. Schulman, "Out of the Street and into the Classroom? The New Left and the Counterculture in Untied States History Textbooks", *The Journal of American History*, No. 4, 1999.

David Montgomery, "Wage Labor, Bondage, and Citizenship in Nineteenth-Century America", *International Labor and Working-Class History*, No. 48, 1995.

Donald Drew Egbert, etc. "The Philosophical Basis of Marxian Socialism in the United States", *Socialism and American Life*, No. 1, 1952.

Donald K. Pickens, "Westward Expansion and the End of American Exceptionalism: Sumner, Turner, and Webb", *Western Historical Quarterly*, No. 12, 1981.

Funnell W, "Distortions of History, Accounting and the Paradox of Werner Sombart", *Abacus*, No. 37, 2001.

Harold W. Aurand. "Reviewed Work: Industrialism and the American Worker, 1865 – 1920 by Melvyn Dubofsky", *The Journal of American History*, 1975.

Hudson, IreneZopoth and Schenck, Susan. "America: Land of Opportunity or Exploitation?", *Hofstra Labor and Employment Law Journal*, No. 19, 2002.

Joel Kotkin, "America's Drift toward Feudalism", *American Affairs*, Vol. 3, No. 4, 2019

Joseph Jacobs, "Review: Criticisms of Sombart", *The Jewish Quarterly Review*, No. 3, 1917.

Kenworthy, Lane, "It's Hard to Make It in America: How the United States Stopped Being the Land of Opportunity", *Foreign Affairs*, No. 6, 2012.

Michael Denning, "The Special American Conditions: Marxism and American Studies", *American Quarterly*, No. 3, 1986.

Sara Chamberlain, "Gender, Race, and the Underclass: The Truth behind the American Dream", *Gender and Development*, No. 5,

1997.

Theda Skocpol, "State and Revolution: Old Regimes and Revolutionary Crises in France, Russia, and China", *Theory and Society*, No. 7, 1979.

六 英文网络档案及文献

Aaron Freedman, "Why Democrats Shouldn't Be Afraid To Talk About Socialism", *The Week*, (19, Augst, 2019), https://theweek. com/articles/859419/why-democrats-shouldnt-afraid-talk-about-socialism.

"About Socialist Woker", *Socialist Worker*, (July 21, 2009), https://socialistworker. org/about.

Adam Marletta, "So Why is Trump Railing Against Socialism", *Socialist Worker*, (Mar. 07, 2019), https://socialistworker. org/2019/03/07/so-why-is-trump-railing-against-socialism.

Ahmed Shawki, "Between Things Ended and Things Begun", *International Socialist Review*, No. 2, 2001.

"Americans May Be Too Religious to Embrace Socialism", FiveThirtyEight, (March 10, 2016), https://fivethirtyeight. com/features/americans-may-be-too-religious-to-embrace-socialism.

Brian Bean, "Critical Thoughts About Draper's 'Micro-Sect'", *Socialist Worker*, (March 29, 2019), https://socialistworker. org/2019/03/29/critical-thoughts-about-drapers-micro-sect.

CERSC, "Haymarket Books", (Dec. 09, 2004), https://cersc. org/haymarket. html.

Clayton Plake, "We Stand with Kevin Clark", Socialist Worker, (Feb. 14, 2013), http://socialistworker. org/2013/02/14/we-stand-with-kevin-clark.

David Walsh, "Leaders of Dissolved International Socialist Organiza-tion Openly Embrace Democratic Party Politics", WSWS, (04 Jun 2019), https://www. wsws. org/en/articles/2019/06/24/isdp-j22. html.

Don Lash, "We Can Believe Survivors and Presume Innocence", *So-cialist Worker*, (March 28, 2019), https://socialistworker. org/2019/03/28/we-can-believe-survivors-and-presume-innocence.

Juan Conatz, "Dramatic Intro: The crisis of the Left: What's Really Going in the ISO BOC Debate?", (March 21, 2021), https://libcom. org/article/dramatic-intro-crisis-left-whats-really-going-iso-boc-debate.

Elizabeth Wrigley-Field, "What Socialists Can Learn From Me Too", Socialist Worker, (March 20, 2019), https://socialistworker. org/2019/03/20/what-socialists-can-learn-from-metoo.

Ernest Haberkern, "Introduction to Hal Draper", 马克思主义文库, https://www. marxists. org/archive/draper/biog/intro. htm, 2004年9月26日。

Riredteacher, "External Bulletin. Le Cadre Du Militant Socialiste", (July 01, 2014), https://externalbulletin. org/2014/07/01/le-cadre-du-militant-socialiste/.

CTU, "Financial Statements", (Aug. 25, 2020), https://www. ctuf. org/ctu-foundation-financials/.

Haley Pessin, "We Must Continue to Fight for Socialism from Below", *Socialist Worker*, (March 29, 2019), https://socialistworker. org/2019/03/29/we-must-continue-to-fight-for-socialism-from-below.

Helen Scott, "Separating What's Good From What's Rotten", *Socialist Worker*, (March 21, 2019), https://socialistworker. org/2019/03/21/separating-whats-good-from-whats-rotten.

"History of the Socialist Movement in the United States", Wikipedia, (Aug. 17, 2020), https: //en. wikipedia. org/wiki/History_ of_ the_ socialist_ movement_ in_ the_ United_ States.

International Socialist Organization, ISO Branch Disciplinary Guidelines, https: //www. internationalsocialist. org/wp-content/uploads/ 2018/01/ISO-Branch-Disciplinary-Guidelines. pdf.

International Socialist Organization, ISO Code of Conduct, see https: //www. internationalsocialist. org/wp-content/uploads/2018/01/ ISO-Code-of-Conduct. pdf.

International Socialist Organization, ISO National Disciplinary Procedures, https://www. internationalsocialist. org/wp-content/uploads/ 2018/01/ISO-National-Disciplinary-Procedures. pdf.

International Socialist Organization, ISO Rules and Procedures, https: //www. internationalsocialist. org/wp-content/uploads/2018/01/ ISO-Rules-and-Procedures. pdf.

International Socialist Organization, Marxist Classics Study Series, https: //www. internationalsocialist. org/wp-content/uploads/2017/12/ Marxist-classics-study-series - 2017. pdf.

International Socialist Organization, New Members Education, https: //www. internationalsocialist. org/wp-content/uploads/2017/12/ new-members-education-program-final-april_ 2015. pdf.

International Socialist Organization, "About the International Socialist Review", (Feb. 01, 2004), https: //isreview. org/about.

"Campus Toolkit", International Socialist Organization. , (Nov. 01, 2017), https: //www. internationalsocialist. org/wp-content/uploads/ 2017/11/campustoolkit. pdf. p. 2.

ISO Steering Committee, "Letter to the ISO Membership", *Socialist Worker*, (March 15, 2019), https: //socialistworker. org/2019/

03/15/letter-to-the-iso-membership.

ISO Steering Committee, "Taking Our Final Steps", (April 19, 2019), https：//socialistworker. org/2019/04/19/taking-our-final-steps.

Jeff Mason, "Trump Allies Hope To Ride Anti-Socialist Rhetoric To E-lection Win", Reuters, (Feb. 29, 2020), https：//www. reu-ters. com/article/us-usa-election-socialism-analysis/trump-allies-hope-to-ride-anti-socialist-rhetoric-to-election-win-idUSKBN20N0HV.

Juan Cruz Ferre, "We Need More Leninism, Not Less", *Left Voice*, (May 04, 2019), https：//www. leftvoice. org/we-need-more-len-inism-not-less.

Kathy Frankovic, "Are Democrats Socialists? Democrats Say No, but Republicans Say Yes", YouGov, (July 26, 2019), https：//to-day. yougov. com/topics/politics/articles-reports/2019/07/26/are-democrats-socialists-poll.

"Solidarity-Selling Socialist Worker", Marxists. org, (Dec. 28, 2017), https：//www. marxists. org/history/etol/newspape/socrev/1995/sr184/rees2. htm.

"Socialist Worker (Cleveland & Chicago)", Marxists' Internet Ar-chive, (July 09, 1998), https：//www. marxists. org/history/etol/newspape/sw-us/index. html.

Nathan J. Robinson, "3 Arguments Against Socialism And Why They Fail", (July 06, 2018), https：//www. currentaffairs. org/2018/07/3 – arguments-against-socialism-and-why-they-fail.

Oliva B. Waxman, "Socialism Was Once America's Political Ta-boo. Now, Democratic Socialism Is a Viable Platform. Here's What to Know", *Time*, (Oct. 24, 2018), https：//time. com/5422714/what-is-democratic-socialism.

Patrick Martin, "Trump Rails Against Marxism and International Socialism", WSWS, (July 06, 2020), https://www.wsws.org/en/articles/2020/07/06/uspo-j06.html.

Paul Le Blanc, "Why I'm Joining the US International Socialist Organization: Intensifying the Struggle for Social Change", (July 14, 2019), http://links.org.au/node/1323.

Political Committee of the Socialist Equality Party (US), "Factional Provocation, Middle-class Hysteria, and the Collapse of the International Socialist Organization", WSWS, (April 02, 2019), https://www.wsws.org/en/articles/2019/04/02/inte-a02.html.

"Lenin 150", The Tricontinental, (April 22, 2020), https://www.thetricontinental.org/books-lenin150/.

Todd Chretien, "Why I Voted to Dissolve the ISO", (Mar. 31, 2019), https://revolutionary-socialist.org/2019/03/31/why-i-voted-to-dissolve-the-iso.

United State Court of Appeals for the Ninth Circuit, "Kevin Cooper Petitioner Appellant", (May 11, 2009), http://cdn.ca9.uscourts.gov/datastore/opinions/2009/05/11/05 - 99004o.pdf. p. 5430.

"US Election 2020: Bernie Sanders Suspends Presidential Campaign", BBC, (April 09, 2020), https://www.bbc.com/news/world-us-canada - 52219756.

Paul D'Amato, "Where We Stand", ISO Education Department. (Nov. 12, 2017), https://www.internationalsocialist.org/wp-content/uploads/2017/12/Where-We-Stand-Nov2017.pdf.

七 英文报纸

Alan Maas, Todd Chretien, "The ISO and the Soul of International Socialism", *Socialist Worker*, April 03, 2017.

Alexander Eichler, "Young People More Likely to Favor Socialism than Capitalism: Pew", *Huffington Post*, Nov. 29, 2011.

Alison Flood, "Socialism the Most Looked-up Word of 2015 on Merriam-Webster", *Guardian*, Dec. 16, 2015.

Christopher Lehmann-Haupt, "Theodore Draper, Freelance Historian, Is Dead at 93", *The New York Times*, Feb. 22, 2006.

Dan Swain, "Socialism Still Comes from Below", *Socialist Worker*, July 16, 2015.

Eric Ruder, "The Dialectic and Why It Matters to Marxism", *Socialist Worker*, July 09, 2015.

Harold Meyerson, "Why are there Suddenly Millions of Socialists in America?", *Guardian*, Feb. 29, 2016.

Janny Scott and Danny Leonhardt, "Shadowy Lines That Still Divide in the Class Matters Series", *New York Times*, May 15, 2005.

Paul D'Amato, "Why Was Marx a Materialist?", *Socialist Worker*, Oct. 28, 2011.

后　　记

在没有了解美国社会主义之前，许多学者受桑巴特《为什么美国没有社会主义》的影响，认为美国是纯粹的资本主义国家，没有社会主义。然而，美国不仅是社会主义的重要摇篮，也是社会主义流派、思潮、运动的聚集地。怀着探索的态度，本书结合美国国际社会主义组织对美国社会主义问题进行了研究，最终将相关内容呈现在读者面前。而本书对我们认识美国当代社会主义运动、"美国有没有社会主义"以及美国左派的新变化提供了案例参考，具有借鉴意义。

在这里，我要衷心感谢我的博士生导师、南开大学寇清杰教授，以高尚的人格魅力，开明且严谨的学术态度，支持本人对美国社会主义的研究。

在这里，我要感谢我的硕士生导师白平浩先生，对我学术志趣的启蒙，以及对我美国社会主义研究的支持和引导。没有白先生的教诲，我的学术研究起步还需要经历更长的时间。

同时要感谢天津师范大学社会主义研究所余金成教授在答辩期间对本书内容的肯定以及提供的宝贵意见。

此外，还要感谢重庆大学马克思主义学院以及中央高校基本业务费基础文科振兴专项项目"21世纪国际共产主义史学新发展研究（项目编号：2022CDJSKZX12）"的出版资助。

本书得到了中国社会科学出版诸位编辑的大力支持，对本书的顺利出版提供了莫大的帮助，在此表示诚挚的谢意。

最后，要感谢但婷婷女士，有了她在生活上的帮助和支持，学术研究变得更加轻松一些。

尽管我努力对美国国际社会主义组织和美国社会主义问题进行了思考和研究，但囿于认识能力和研究水平所限，文中难免会存在不足，恳请同仁批评指正。